QUELQUES SEMAINES
EN ITALIE,

PAR L'AUTEUR D'ANTOINE
OU LE RETOUR AU VILLAGE.

Tome premier.

PARIS.
A LA SOCIÉTÉ DES BONS LIVRES,
RUE DES SAINTS-PÈRES, n° 69;
ET CHEZ BRICON, LIBRAIRE,
RUE DU VIEUX-COLOMBIER, n° 5.

1834.

QUELQUES SEMAINES

EN

ITALIE.

I.

Imprimerie de Ve THUAU,
place Sorbonne, n° 2.

QUELQUES SEMAINES

EN

ITALIE,

PAR L'AUTEUR

D'ANTOINE OU LE RETOUR AU VILLAGE.

TOME PREMIER.

Paris,
A LA SOCIÉTÉ DES BONS LIVRES,
RUE DES SAINTS-PÈRES, N° 69;
ET CHEZ BRICON, LIBRAIRE,
RUE DU VIEUX-COLOMBIER, N° 3.

1834.

AVIS AU LECTEUR.

Ce n'est point, ami lecteur, un *Voyage* que je vous adresse, ce n'est pas non plus un *Guide du voyageur*. Si vous cherchez à connaître l'état politique de l'Italie, ses ressources commerciales, ses forces militaires; si vous voulez une description exacte de toutes les raretés des villes, n'ouvrez pas ce petit livre, vous n'y trouverez rien de tout cela. Ce sont des souvenirs, des esquisses, des anecdotes, des réflexions amenées par l'impression du moment, en un mot des causeries de coin du feu. Je ne songeais pas à leur donner de la publicité : un de mes amis a prétendu que vous y pourriez trouver quelque agrément, je vous les livre. C'est à vous d'en juger, aussi je ne m'amuserai point à en écrire une apologie. Je dois cependant vous dire que tout ce que je raconte est vrai, qualité assez rare dans les récits des voyageurs : pas une scène dont je n'aie été acteur ou spectateur, pas un jugement qui ne soit porté en conscience. J'ai changé la plupart des noms, quelques légères circonstances de lieu ont aussi été altérées, ce sont les seules licences que je me sois permises contre la vérité.

Lisez donc ; si j'ai pu vous amuser quelques instans, je suis content : si je vous ennuie, vous me saurez du moins bon gré de l'intention, et d'ailleurs savez-vous comment on se venge d'un livre ennuyeux?..... on le jette au feu.

LE DÉPART.

—Que faisons-nous?
—Ma foi, ce que vous voudrez : je suis découragé par tout ce que je vois.
—Depuis long-temps nous projetons un voyage en Italie : voulez-vous réaliser enfin notre rêve?

— Pourquoi pas?... Eh sans doute, puisque nous n'avons plus rien à faire ici, puisque son départ nous délie de nos sermens, profitons de notre liberté : aussi bien, que ferions-nous ici? Il est des choses dont il vaut mieux s'épargner la vue. Mon cœur est à chaque instant brisé, mes affections les plus chères contrariées : je souffre trop... Quand partons-nous?

—Oh! cher Armand, comme vous prenez feu! A peine formé, vous voulez voir exécuté un projet qui demande au moins quelques préparatifs.

—Soit : vous aurez tout le temps que demande votre flegme, sage **Félix**. Je me charge des passe-ports, qui demain seront dans mon portefeuille. Vous pouvez cependant passer chez votre banquier : demain, je laisse mes ordres à mon homme d'affaires ; après demain, nous faisons nos adieux, nous écrivons nos lettres, nous fermons nos malles ; dimanche, on se repose, et lundi, les chevaux de poste sont dans ma cour. J'espère que je suis raisonnable?

—Si nous commençons le voyage comme deux fous, j'ai bien peur que.....

—Bah! bah! laissez moi faire.

Armand de *** et **Félix** de *** sont deux

jeunes gens fort peu amis de l'esprit révolutionnaire et fort peu enthousiastes de ses progrès. Ceux qui les connaissent disent assez généralement qu'ils ont de l'esprit et un bon cœur. Leur éducation a été soignée comme il convenait à leur naissance et à leur fortune. N'ayant point entrepris de faire leur panégyrique, je bornerai là mes éloges. J'ajouterai même, pour ne rien celer, qu'à leurs excellentes qualités ils joignent un travers assez notable, c'est un esprit essentiellement aventureux. Armand surtout ne tient pas en place; il lui faut toujours du nouveau, et les situations les plus bizarres, les combinaisons les plus romanesques sont celles qu'il adore, qu'il recherche, qu'il crée. S'il lui fallait vivre tout uniment comme font tant d'honnêtes gens ici-bas, il croirait n'exister qu'à moitié. Heureux, ainsi que son ami, d'avoir reçu du Ciel une constitution robuste, fortifiée encore par les exercices militaires, par les fatigues de la chasse, et désormais capable d'affronter tous les inconvéniens où le peut jeter son caprice.

Ces messieurs partirent donc en 1830, peu après les journées de juillet. Nous ne les accompagnerons pas jusqu'à la frontière : il serait trop insipide de compter les relais de poste et les dîners d'auberge où toujours au dessert ils avaient la visite des gendarmes, qui généralement les traitèrent honnêtement, malgré leurs noms aristocratiques et leurs armes peintes sur la calèche.

A l'hôtel d'Yorck, à Nice, on est fort bien quand on peut payer assez cher. Nos deux jeunes voyageurs, après le dîner, se promenaient sur la terrasse magnifique dont la mer vient baigner les murs. Le bruit des vagues, le bel effet du soleil couchant, qui jetait sur les eaux bleuâtres des gerbes de lumière dorée, la douceur d'un climat enchanteur, cette joie vague que jettent toujours dans l'âme les premiers momens d'un voyage lointain, occupèrent d'abord toutes leurs facultés. Depuis quelques instans ils marchaient en silence, quand Armand s'écrie :

—Oh! mon cher, voyez, voyez; voilà les Anglaises avec qui nous avons dîné à l'hôtel.

—Eh! bien, que m'importe, et que vous importe à vous-même?

—Gare le sermon! Mais ne craignez rien, Félix, je n'ai pas besoin aujourd'hui de vos sages remontrances; quoique ces dames soient fort bien, elles ne m'ont inspiré que des pensées philosophiques, qui m'occupaient actuellement, et dont leur vue a occasioné l'explosion.

—Pourrait-on être de moitié dans les conceptions de votre cerveau philosophique?

—Sans doute, d'autant plus que, pour réaliser mon idée, j'ai besoin de votre concours.

—Parlez.

—Je déteste ces Anglais!

—Beau début! la haine est le fruit de votre philosophie?

—Laissez-moi dire. Vous comprenez bien que je ne hais pas tel ou tel Anglais en particulier, et uniquement parce qu'il est né au-delà du détroit; j'ai au contraire eu des amis de cette nation, et je leur ai trouvé de fort belles qualités; mais, pris comme peuple, comment pourrais-je les aimer, quand ils sont la cause de tous nos maux! Infectés du venin de l'hérésie, ils en ont tiré toutes les conséquences, et sont hérétiques en tout. Politique, beaux arts, mœurs civiles, rien chez eux n'est exempt de ce cachet, qui les fait reconnaître partout. Où trouver dans leur vie une pensée du Ciel? L'industrialisme, conséquence d'une pensée qui attache tout à la terre, les a envahis, pénétrés, dominés au point que, pour vendre un quintal de sucre de plus, ou pour le vendre quelques schellings plus cher, ils n'hésiteraient pas à bouleverser un royaume. Voyez comme ils ont traité notre France adorée ! Ils ont compris que seuls dans l'Europe nous pouvons lutter contre eux avec avantage, et dès-lors ils n'ont cherché que les moyens de nous ruiner. Nous attaquer de front était trop hardi ; on sait trop ce qu'il en coûte à se jouer à la France ; aussi ont-ils pris une autre tactique. Tantôt amis, tantôt ennemis, selon que l'exigeait leur plan ou le conseillait leur intérêt du moment, toujours ils ont attisé chez nous un feu que notre caractère ardent ne rend que trop aisément dévorant. Les principes révolutionnaires qui, depuis trois siècles, se traçaient sourdement une voie, contrariés à chaque pas et comprimés par la constitution du pays et les sentimens du peuple, ont dû leur développement furieux aux menées des Anglais. Ils ont causé la première révolution, ils se sont réjouis de la seconde, s'ils n'y ont pas eu part, et j'ai bien peur qu'ils n'en profitent si nous n'y prenons garde.

—En tout cela je suis d'accord avec vous : mais qu'ont à y faire ces dames qui ne paraissent nullement en goût de politique, et qui, j'en suis sûr, ne voient dans la dernière révolution qu'un accident maussade à qui elles devront de ne pas danser à Paris cet hiver?

—Attendez. Tout se tient en ce monde, et ma sortie contre l'Angleterre m'a été inspirée par la vue des voitures de ces élégantes voyageuses. Et tous les Anglais sont comme cela ! Ils portent un monde avec eux : l'idée de la moindre privation, du moindre malaise, gâte leur voyage. S'ils n'ont pas à point nommé le rostbeef et le thé, tout est perdu. Aussi, voyez-les dans les auberges ! il semble que tout doive être pour eux, ils envahissent. A peine descendus de voiture, d'où leurs domestiques sortent un magasin entier de sacs, de paniers, de bouteilles, etc., etc., vite, milords et myladis sont à la cuisine où leur œil scrutateur s'enfonce dans toutes les casseroles : le dîner est leur importante affaire. Et quel égoïsme, quelle insolence s'ils trouvent de bonnes gens qui se laissent faire ! On croirait que tout être qui ne voyage pas en poste avec un courrier, n'est pas digne de vivre; on peut fort bien vivre du rebut de leurs seigneuries d'outre-mer. Je n'exagère pas, ami, je les ai vus de près, et s'ils sont en Italie ce que je les ai trouvés en Suisse, vous vous convaincrez de la vérité de mes observations. De tout cela, savez-vous ce que je veux conclure?

— J'espère que vous me le direz enfin.

— Voici. Nous allons renvoyer en France nos domestiques. La calèche se vendra ou se laissera en dépôt chez quelqu'un; nous achèterons deux jolis havresacs bien légers, et la blouse sur le dos, le chapeau de paille en tête, le bâton à la main, précédés d'une malle que porteront d'une ville à l'autre les diligences, nous irons en vrais pèlerins visiter l'Italie.

— Mais...

— Mais! mais! voilà l'homme aux objections! Qu'avez-vous à dire à ce projet? Vous êtes, comme moi, bon marcheur; la fatigue ne vous effraie pas; de mauvais dîners de temps en temps et des gîtes pitoyables, c'est possible; mais on en rit et on se dédommage quand on trouve mieux; car je ne prétends pas marcher la bourse vide. Ah! vous verrez, Félix, vous verrez comme vous serez content d'avoir pris ce parti. Que d'aventures je prévois! Comme nous connaîtrons l'Italie, comme nous en reviendrons riches de souvenirs!

— Vous me gagnez : d'autant plus que cette manière de voyager est fort de mon goût. Je voudrais cependant que, plus juste, vous ne soyez pas si furieux contre les Anglais quand vous les imitez. Eux aussi vont à pied et sont renommés pour...

— Quelques-uns, peut-être : toute règle a ses exceptions ; ce que j'ai dit n'en est pas moins l'exacte vérité.

Comme il avait été résolu, ainsi fut exécuté. Les deux jeunes chercheurs d'aventures partirent un beau matin à pied, pour se rendre de Nice à Gênes par la route dite *de la Corniche* ou bien *de la rivière de Gênes*. On sait que ce chemin en partie taillé dans le roc suit presque sans interruption les sinuosités du rivage, tantôt de niveau avec la mer qu'on a toujours à sa droite, tantôt suspendu à pic à une hauteur considérable au-dessus des flots. Le début ne fut pas favorable aux pélerins. A peine avaient-ils commencé à gravir la pente assez raide qui de la porte de Nice conduit au haut de la montagne, qu'une pluie affreuse fit presque en un instant du chemin un torrent : le vent impétueux rendait impossible l'usage des parapluies, il fallut se soumettre et se laisser tremper jusqu'aux os. Un ciel tout grisâtre, un épais brouillard étendu sur la mer ne faisaient pas espérer le retour du beau temps, aussi le voyage fut-il assez triste. On dîna fort mal, et l'on chercha en vain une voiture de rencontre, puis on poussa jusqu'à la couchée dont la pitoyable auberge parut moins mauvaise, grâce aux quarante milles (1) qu'on avait faits à travers toutes les difficultés d'un chemin rompu. Le lendemain mêmes infortunes. Jusqu'à Alassio, on fut presque toujours dans l'eau ou le brouillard. Avant de partir de cette bourgade, comme il était dimanche, on voulut entendre la messe. Il n'était pas jour encore, mais heureusement messieurs les habitans d'Alassio aiment la chasse et s'arrangent de manière à avoir satisfait à la loi de l'Eglise avant l'aube. Quand nos Français arrivèrent à l'église conduits par le garçon de l'auberge, le prêtre arrivait à l'autel. Je ne saurais dire si quelque partie de leur attention ne fut pas dérobée par le spectacle qui s'offrait pour la première fois à leurs yeux, une église d'Italie.

Bien que le Piémont ne tranche pas d'une manière nette avec la France, et que les usages comme la langue soient un mélange des

(1) Comme en Italie la longueur des milles change avec les divers états, nous évaluons toutes les distances en milles romains de 74 et demi au degré.

deux pays, il y a cependant un caractère national saillant. On sent qu'on entre au milieu des peuples de l'imagination et de la poésie. Ces costumes élégans, ces manières vives, ces poses pittoresques, cette dévotion expressive, ce chant facile que le peuple entremêle aux saintes prières, tout est nouveau, tout pique la curiosité, tout enchante. Quand les voyageurs sortirent d'Alassio, le ciel éclatant de mille nuances dorées, annonçait que le soleil allait dans peu s'élever au-dessus de la montagne et éclairer un magnifique paysage. Pas un nuage ne troublait l'azur argenté d'une atmosphère transparente, la mer calme poussait doucement ses flots au rivage qu'elle semblait caresser, çà et là les voiles blanches des pêcheurs se détachaient sur la teinte sombre des eaux, à l'horizon les rochers de la Corse apparaissaient frappés des premiers rayons du soleil; un air frais, un calme général rendaient la scène ravissante.

— Oh, mon ami, la belle idée que nous avons eue de faire notre voyage à pied!

— Que n'en disiez-vous autant hier?

— Croyez-vous qu'hier je n'étais pas content?

— Ma foi! à votre air tout pensif et presque rechigné, j'aurais parié que vous étiez de mauvaise humeur.

— Voulez-vous donc qu'un homme obligé de regarder toujours à ses pieds pour ne pas s'enfoncer dans la boue, ou se rompre les jambes sur un quartier de rocher glissant, ait l'air aussi dégagé qu'un promeneur des Tuileries? Mais pour ne pas rire et dire des folies, je n'en avais pas moins mes jouissances. Je pensais combien de jeunes gens de nos amis et de notre âge se trouveraient embarrassés dans une pareille circonstance. Je les voyais désespérés de se trouver exposés pendant une douzaine d'heures et plus à une pluie battante, et n'ayant pour se reposer qu'une espèce de cabaret; inquiets sur leur santé, honteux de la boue qui les couvre, accablés du poids de leur sac, et pardessus le marché découragés de ne pouvoir se faire entendre de ces paysans qui parlent un langage barbare, ni italien ni français! Dieu est bien bon, me disais je, de m'avoir donné une force de corps et un caractère capables de supporter tout cela sans peine, sans y penser même : l'aurais-je soupçonné quand je ne songeais qu'à goûter les délices de Paris! L'homme est bien plus fort qu'il ne croit, et tel qui se plaint de ne pouvoir réussir dans une entreprise et qui s'excuse sur son impuissance, aura peut-être à rendre un compte sévère de ses moyens qu'il néglige, et à voir punir sa lâcheté qui les a rendus inutiles.

— Il est vrai que bien souvent on croit manquer de forces quand on ne manque que de courage. Vous rappelez-vous ces jours mauvais où vous m'avez connu? Je rendais justice à vos bonnes qualités; j'admirais vos bons principes, et la noble hardiesse qui vous les faisait hautement professer en présence de nos camarades imbus de maximes toutes contraires; je sentais au fond du cœur que vous étiez plus heureux que moi, je vous enviais, et cependant tant de liens qui me retenaient me paraissaient impossibles à rompre: je frémissais d'être esclave, et je n'osais être libre, et probablement j'en serais encore à me dépiter contre moi-même et à mordre ma chaîne, si vos bons avis ne m'avaient aidé à la briser. Avec quelle facilité j'ai fait des choses dont je me croyais incapable!

— Il en est toujours comme cela dans les commencemens d'une conversion: tout effraie une âme amollie par l'habitude du vice. L'empire de l'habitude, les charmes des passions, la honte d'un éclat, tout retient, tout paraît insurmontable, et si avec un peu de courage on met la main à l'œuvre, tout se dissipe comme ces fantômes qui nous tourmentent dans des songes et s'évanouissent au retour de l'aurore.

— Heureusement à présent notre cauchemar est passé; nous sommes bien réveillés.

— Oui, cher Armand, mais gare aux chutes! à notre âge il faut être terriblement prudens pour.....

— La prudence! oh! c'est mon fort!

— Oui, comme quand.....

— Ah! tout de suite aux reproches! Vous avez une mémoire désespérante. Allons, mon brave ami, soyez indulgent avec votre néophyte.....

La conversation de sérieuse devint gaie. et l'on plaisanta jusqu'à Alminga, où l'on entra dans un café, pour donner à l'estomac un appui contre l'air trop vif du matin et de la mer.

En sortant d'Alminga une route droite et unie court assez long-temps dans une petite plaine fermée par des montagnes peu éloignées : vers le midi une pente insensible porte jusqu'à la mer. A peu de distance de la jolie ville s'élève sur la gauche une charmante fabrique, due, comme l'apprend une inscription latine, à la piété des citoyens d'Alminga. C'est une petite chapelle dédiée à la Sainte-Vierge, et attenante à une habitation simple, mais commode et assez élégante, destinée à loger deux gardiens du petit sanctuaire.

Comme de raison il fallut entrer, et une fois entrés il fallut admirer. Un goût parfait a présidé à la construction de cette chapelle, tout y est frais, élégant, pur, tout y rappelle la Reine des anges qu'on y vénère.

Pendant qu'Armand se hâtait d'en crayonner un souvenir, Félix demandait à une espèce de sacristain qui s'était fait voir pour avoir le droit de mendier, quelques sous, si l'ermitage était habité.

— Hélas! non, répondit-il; la ville entretiendrait volontiers deux prêtres, ou même un prêtre seul avec un laïc; mais on n'en trouve pas.

Nous y viendrons, brave homme, nous y viendrons, dit étourdiment Armand; nous allons à Rome nous faire prêtres, puis nous revenons nous planter ici, n'est-ce pas, Félix?

Félix ne répondit pas, mais il soupira, et tandis que son compagnon serrait son album, il s'agenouilla devant l'image de la *Madonna*, et pria avec plus de ferveur que de coutume.

Le reste de la journée fut magnifique. Pas un nuage ne vint troubler une atmosphère brillante, et c'était une chose ravissante d'observer sur les flots les effets du soleil à différentes heures de la journée. La route d'ailleurs qui continuait à serpenter sur des rochers coupés quelquefois avec une hardiesse surprenante, offrait à chaque coude des spectacles nouveaux. Tantôt des coteaux chargés d'oliviers, tantôt de longues échappées entre des forêts de chênes et de pins jetés sur le flanc des montagnes; des vues sauvages, et des paysages rians; les ruines de quelque château fort y couronnaient un joli village aux maisons élégantes et proprettes, ou bien des pans de murs en arceaux annonçaient que là jadis ont retenti les louanges du Seigneur, où maintenant la bergerette répète ses chansons. A tout moment les deux amis auraient voulu s'arrêter, mais il fallait aller coucher à *Savonne*, et la course est un peu longue. Aussi, sauf quelques courtes poses sur des quartiers de rochers les pélerins marchèrent sans autre interruption que celle du dîner qu'ils trouvèrent passable à *Finale,* où l'hôte, ancien soldat de Napoléon, profita de la circonstance pour manger en compagnie des Français une partie du repas, qu'il fit bien payer.

Entre Finale et Savonne, on passe sous une voûte assez longue et médiocrement élevée, toute taillée dans le roc. La montagne en cet endroit fort haute et presque à pic sur la mer n'a permis de continuer le chemin qu'en ouvrant ce passage d'un assez bel effet.

Il était tard quand Savonne se fit apercevoir au scintillement de ses lumières. A force de marcher cependant on arriva, mais la nuit était déjà close, et tout en côtoyant les murs d'un faubourg, on se demandait où trouver un hôtel. Sans doute il n'est pas difficile de s'adresser au premier passant, mais c'est se soumettre à sa discrétion : et pour peu que le guide ait quelque amitié, ou quelque obligation, ou quelque dette avec un hôte, vous êtes sûr qu'il vous y mène, fût-ce le dernier cabaret du lieu.

— Ces messieurs sont Français? dit en fort bon français un bon-vieux assez propre qui depuis quelque temps se tenait à peu de distance du couple embarrassé.

— Oui, monsieur : et puisque notre conversation vous a révélé notre patrie, elle vous a sans doute aussi fait connaître le besoin où nous sommes d'un guide charitable.

— C'est pour vous offrir mes services que j'ai pris la liberté de vous interrompre.

— Grand merci. Vous êtes de Savonne même?

— Oh! non; je suis né bien loin des états génois; je suis Romain. Mais la Providence a voulu que je finisse mes jours dans cette ville où m'a conduit la fidélité à mon souverain, et où l'amour m'a fixé. Venu avec Pie VII, je me suis marié ici.....

— Quoi! vous avez partagé la captivité du Saint-Père?

— Non, je n'étais pas digne d'un tel honneur : mais employé dans les grades inférieurs de sa cour, connu de lui et jouissant de sa confiance, j'ai pu lui rendre plus de services peut-être que les grands seigneurs, trop surveillés pour pouvoir être fort utiles. Pardonnez si je vous fais traverser toute la ville; je crois que vous aimez mieux faire quelques pas de plus et être bien : d'ailleurs nous passerons devant l'évêché, qui a servi de prison au saint Pontife : on aime à donner un coup d'œil à des murs qui réveillent le souvenir du courage et du malheur.

Arrivés à l'auberge, le guide complaisant fut obligé de se rendre aux invitations pressantes qui lui furent faites de partager le repas des voyageurs.

Qu'on ne croie pas que ce brave homme eût spéculé sur la reconnaissance des jeunes Français. En Italie, où la religion règne encore dans un assez grand nombre de cœurs, on trouve beaucoup plus que chez nous ce qu'on appelle mœurs patriarcales. L'hospitalité, la confiance, le plaisir d'obliger, le besoin chez quelques-uns d'exercer *les œuvres de miséricorde* et de mériter par là quelques grâces du Ciel, se rencontrent souvent : nous en aurons plus d'un exemple dans la suite de ce récit. Et quand on voit que dans nos provinces de France où la foi est encore vivante, on trouve les mêmes vertus, ou pour mieux dire le même penchant à faire du bien, on ne peut que gémir sur les progrès d'une doctrine qui resserre le cœur, rend l'homme froid, égoïste, soupçonneux, calculateur. Quelle différence de ce libéralisme glacial et mortifère, à notre catholicisme si vivifiant, si noble, si brûlant! Qu'elles sont belles ces âmes où l'amour du prochain s'embrâse des flammes de l'amour divin! Là se trouvent les nobles sacrifices, les dévoûmens sublimes; là se trouve aussi cette bonhomie qui se jette au-devant du besoin d'autrui sans même penser qu'elle fait bien, mais parce qu'un cœur catholique a besoin d'aimer et d'être bienfaisant.

A table on parla peu. Ceux de mes lecteurs (si j'en ai) qui auront rencontré un bon souper après une journée de marche pénible, comprendront la cause de ce silence. Au dessert, une bouteille d'Asti échauffa la conversation dont le Romain, encouragé par l'attention de ses convives, fit presque seul tous les frais.

— Pie VII n'a pas été assez connu, surtout chez vous, messieurs : on l'a souvent regardé comme un homme faible et sans grands moyens; on s'est trompé. Mon témoignage serait ici peu de chose, je le confesse, mais il est appuyé de celui du cardinal Pacca, qui a été son secrétaire d'état, et de bien d'autres personnages capables de le juger. Il suffit d'ailleurs de connaître dans quelques détails ses rapports avec Napoléon pour affirmer que cette âme n'était point d'une trempe commune. Un homme qui, plutôt que de céder aux instances pressantes d'un conquérant habitué à ne pas commander en vain, se soumet par un sentiment consciencieux de ses devoirs, aux rigueurs d'une captivité qu'un mot pouvait faire cesser, n'est pas certes un homme faible. Pendant près de six années, messieurs, le souverain Pontife arraché avec violence de son palais fut prisonnier sur une terre étrangère. Séparé de ses confidens, privé de toute relation avec ceux qui pouvaient lui faire connaître l'état des choses, entouré d'hommes dans chacun desquels il pouvait à juste titre, craindre de trouver un espion ou un traître, il n'est point de ruses, de flatteries, de menaces, qui n'aient été mises en usage pour le faire plier aux volontés de l'Empereur, et ce n'est qu'à la faiblesse de sa santé qu'on dut un acte, le seul peu digne de lui, et qu'il désavoua avec larmes dès qu'on lui en eut fait connaître les conséquences. Il n'ignorait pas cependant à quoi il s'exposait; mais sa foi lui disait hautement que le premier des prêtres doit être le plus éminent en vertu, et que la mort est mille fois préférable à l'apparence d'une prévarication.

— Oh! monsieur! la mort....... on ne l'eût pas tué.

— Ma foi, je ne sais trop! Peu s'en fallut qu'on ne le fît lors de son transport de Savonne à Fontainebleau. Faible et malade, il fut jeté dans une chaise de poste avec un officier qui lui refusait un moment de repos. Au grand Mont-Saint-Bernard, il était si exténué que le chirurgien de l'hospice déclara certain son trépas si l'on continuait le voyage, et... le lendemain Pie VII avait été remis dans sa prison roulante! Quand on traite un vieillard, un prêtre, un souverain avec une telle barbarie, je crois qu'il est peu d'excès où l'on ne puisse se porter contre lui.

— A Fontainebleau il n'était pas mal. J'ai vu plus d'une fois les appartemens dits à présent, du Pape, je vous assure qu'ils sont beaux : en outre sa table.....

— Eh, que sont des salles bien ornées et une table bien servie pour un Pape qui sait l'Eglise sur le point d'être affligée par un schisme? quand les cardinaux sont les uns enfermés dans les prisons d'état, les autres accablés de marques de colère et de mépris; d'autres enfin, et c'est ce qui affligeait le plus le cœur du Saint-Père, d'autres lâchement soumis aux volontés de Napoléon!

— Je me rappelle en effet, quoique je fusse bien enfant à cette époque, que lors du mariage de l'Empereur avec Marie-Louise, une partie des cardinaux refusa d'assister à la cérémonie. A l'instant le palais leur fut fermé, avec défense de porter les insignes du cardinalat. Un d'eux qui venait fréquemment chez mon père s'honorait du nom de *cardinaux noirs* qu'on leur donnait pour les distinguer des autres moins fermes à qui leur souplesse laissait le droit de porter les habits rouges. Il se réjouissait de porter le deuil tandis que le Saint-Père était captif : « On nous appelle *noirs*, disait-il, mais laissez faire ; si les choses continuent, je ne désespère point de rougir bientôt ma soutane sur l'échafaud : j'aurais alors une pourpre qu'on ne pourrait plus me défendre de porter! » Les événemens qui se précipitèrent alors, le privèrent du martyre, en remettant en liberté le Saint-Père et le sacré collége; mais il n'y a pas de doute que sa fidélité à la sainte Eglise catholique et à son chef visible ne l'eût conduit à finir ses jours sinon sur l'échafaud, au moins entre quatre murs.

—Oh! vous outrez les choses!

—Et vous, Monsieur, vous les ignorez. Le cardinal Pacca n'a-t-il pas été enfermé à Fenestrelles depuis 1808 jusqu'à 1814? Traité en criminel parce que Napoléon attribuait à ses conseils la fermeté déployée par le pape, lors de la réunion forcée des états pontificaux à l'Empire français, il n'avait qu'une petite chambre ouverte au vent furieux de ces froides montagnes. Il lui fallait tout payer, jusqu'à un misérable grabat et aux choses les plus nécessaires à la vie. On poussa la cruauté jusqu'à lui refuser un confesseur, sous prétexte de lui ôter tout moyen de communication avec le Saint-Père, en sorte que son Eminence fut obligée de s'abstenir pendant fort long-temps de célébrer les saints mystères. Le détail de ses souffrances dans ce lieu horrible fait frémir.

—Il ne doit guère aimer les Français.

—Au contraire, il attribue à un seul homme toutes ses peines et rend justice à la nation chez laquelle il a trouvé compassion, secours, empressement. Il faut l'entendre parler de son passage à Lyon, à Grenoble... Il ne tarit pas sur les preuves d'une foi vive qu'il a recueillies dans ce voyage, et il répète qu'on aura beau faire, les gouvernemens les plus impies ne pourront jamais arracher la religion du cœur des Français.

—Pie VII s'était-il acquis dans sa jeunesse quelque crédit à la cour romaine ?

—Non, Monsieur, bien loin de là ; on faisait assez peu de cas de lui, et, ce qui vous surprendra, je puis ajouter que ce fut à ce peu d'estime qu'on avait pour lui, qu'il dut son élévation.

—Comment cela ?

—Je vous reporterai au temps où le pape Pie VII n'était encore que le moine Chiaramonti. Plein de réserve et de modestie, il ne se mettait jamais en avant dans les occasions où les jeunes religieux ont le champ ouvert pour faire briller leur savoir et former leur réputation. Il aimait mieux se rendre agréable à Dieu que de s'efforcer de plaire aux hommes ; il préférait les jouissances d'un cœur humble et pur aux satisfactions toujours dangereuses de l'amour propre. Aussi, retiré, recueilli, sans brillant, sans rien de ce qui attire les regards, il vivait inaperçu au milieu de ses confrères qui, ne pénétrant pas ses vertus modestes, l'estimaient peu, l'aimaient moins encore ; et, bien que cher à Pie VI, il avait été tenu très long-temps dans la charge importante mais humble de maître des novices. Le pape souffrant avec peine qu'un religieux qu'il savait apprécier, restât dans une obscurité qui avait quelque chose de honteux, le fit abbé *di titolo* (1), sans pour cela lui concilier l'amitié ni l'estime des moines. L'abbé Chiaramonti cependant menait une vie simple et retirée, conforme à ses goûts de piété. Pie VI le fit venir à Rome pour jouir de sa société dont il savait apprécier la douceur, tout en partageant le préjugé général qui accordait peu de moyens au jeune abbé. Celui-ci alla naturellement se loger à San-Calisto (abbaye de son ordre), et fut mis dans l'appartement destiné aux évêques et aux autres grands personnages bénédictins. On l'y voyait avec envie, et l'abbé local, après le lui avoir fait sentir d'une manière presque grossière, eut la hardiesse d'aller se plaindre au pape du séjour trop prolongé de son favori.

— « C'est par notre ordre qu'il est à Rome et qu'il doit encore y rester. »

Une réponse aussi nette fit mourir les objections dans la bouche de l'abbé. Cependant

---

(1) On appelle abbé *di commando*, un moine qui commande dans une abbaye : l'abbé *di titolo* a le titre d'abbé sans avoir aucune juridiction.

les jours s'écoulaient et l'impatience des moines s'irritait de tant de délais. On prit une autre voie pour obtenir du pape l'éloignement de Chiaramonti. « L'appartement qu'il occupait, disait-on, était dû à de plus grands personnages ; le laisser à la disposition d'un simple abbé *di titolo*, c'était faire injure à des évêques qui y ont droit; c'était faire tort à l'abbaye de San-Calisto et à tout l'ordre. »

— « Eh bien, dit le Saint-Père avec l'accent de l'indignation et du mépris, avant la fin de ce mois, j'aurai fait droit à vos observations. Qu'on ne m'en parle plus. »

Grande joie à San-Calisto; mais deux, trois semaines se passent : on demande à Chiaramonti à quand est fixé son départ. « Je ne sais, dit-il, le Pape ne m'en parle pas. » On s'inquiète, on s'alarme; le dernier jour du mois arrive et Chiaramonti ne bouge. L'abbé ne rougit point de renouveler ses importunités et de rappeler sa promesse à Pie VI, qui, irrité de tant d'audace, répondit : « Le mois n'est pas encore achevé, il y a encore quelques heures. Apprenez à ne pas douter de ma parole; j'ai promis, il vous suffit, allez. » Que cette soirée fut longue à messieurs de San-Calisto ! Enfin, à la nuit, vient un billet de la secrétairerie : il est adressé à Chiaramont, on le lui porte en triomphe ; c'est sans doute l'ordre du départ. L'abbé *di titolo* l'ouvre, la lit et la donne avec indifférence à l'abbé de San-Calisto. C'était le bref qui portait le modeste religieux au siége épiscopal de Tivoli.

Le nouvel évêque ne tarda pas à être transféré à Imola, diocèse plus digne de son zèle et de ses soins. En peu de temps il s'y fit adorer du peuple ; mais comme il n'agissait que pour Dieu, les hommes ne le connaissaient pas, et, le Pape excepté, la cour romaine faisait assez peu de cas de l'évêque d'Imola. Aussi le cardinal légat de la province crut pouvoir le traiter du haut de son mérite et l'amener aisément à plier sous sa loi. Il projetait une route dont l'alignement traversait les biens de la manse épiscopale. Il vint trouver Chiaramonti, et, après un bel exposé de son idée : Nous avons besoin, dit-il, d'empiéter sur vos terres, mais vous aurez l'indemnité qui sera jugée convenable. Non, répondit le prélat, qui jusque-là s'était contenté d'écouter paisiblement, non, vous ne pouvez faire cela, je ne puis vous le permettre et je m'y oppose. Trois fois le cardinal renouvelle sa demande pressante, trois fois il essuie le refus le plus ferme et le plus positif. Piqué au vif et résolu à passer outre, il fait envahir de nuit les terres de l'évêché : on y trace des lignes, et le jour fait voir les arbres abattus, les vignes arrachées, les jalons plantés et les travailleurs à l'ouvrage. Deux heures après, l'excommunication est fulminée par le tranquille évêque, et affichée à la porte de son Eminence le cardinal légat. Celui-ci surpris et furieux vole à Rome pour demander satisfaction, et Chiaramonti reste en paix à Imola, jusqu'à ce qu'un ordre du pape l'appelle à la cour pontificale.

Pie VI, qui était vif et qu'on avait prévenu, le reçut en coupable et ne lui épargna pas les plus vifs reproches. Chiaramonti les écouta sans s'émouvoir ; puis, quand cette tempête fut passée : Saint-Père, dit-il, j'ai fait mon devoir, et je suis prêt à recommencer en pareille circonstance. Le pape, étonné de cette réponse ferme, le fait s'expliquer, écoute l'exact narré des faits, et le congédie en lui ordonnant de rester à Rome. Le cardinal offensé cependant répandait partout son amertume ; il ne parlait que de l'injure faite à la pourpre, de la satisfaction qu'il attendait du pape, et de l'humiliation prochaine de son rival, qui, de son côté, vivait fort obscur suivant sa coutume.

A quelque temps de là, Pie VI tient un consistoire, fait l'allocution ordinaire, et parmi ceux qu'il déclare avoir jugés dignes de défendre l'Eglise dans le grade le plus élevé de sa milice, il nomme l'évêque d'Imola, au grand scandale des cardinaux, qui désavouent presque leur nouveau confrère. Tout le monde sait comme les événemens se succédèrent alors. Pie VI, mort dans la captivité, laissait l'Eglise sans chef et presque sans espoir d'en avoir, à cause de la dispersion des cardinaux. Parmi le petit nombre de ceux que la Providence avait réservés, et qui purent se rassembler en conclave à Venise sous la protection de l'Autriche, Chiaramonti était celui auquel on pensait le moins. Il était comme inaperçu dans le conclave, où il se contentait de donner consciencieusement son vote, sans se mêler des menées qui faisaient traîner cette assemblée en longueur. Plusieurs partis s'étaient formés, qui s'obstinaient à porter toujours leurs candidats, en sorte que les scrutins offraient à chaque dépouillement les mêmes résultats. Pour rompre ces ligues et donner quelque mouvement aux voix, le cardinal

Braschi, neveu de Pie VI, s'avisa de parler de l'évêque d'Imola. « Il est sûr, disait-il, qu'il ne « sera pas élu; mais quelques voix qu'il aura, « feront diversion, et nous sortirons de cet « état de stagnation, affligeant pour l'Eglise « et honteux pour nous. » On se rend à la salle du scrutin, et l'on est tout étonné d'entendre proclamé à l'unanimité le cardinal Chiaramonti que chacun avait nommé dans la ferme persuasion que jamais il n'arriverait à la majorité. Le saint évêque, à ce résultat imprévu du scrutin, leva les mains et les yeux au ciel : « O Dieu! dit-il, on m'a trahi! » Puis, baissant la tête, il perdit connaissance. La suite a prouvé que Dieu s'était encore une fois, dans cette circonstance, joué des combinaisons humaines, pour porter son élu sur la chaire de Pierre.

En trois mots, Messieurs, Pie VII fut évêque parce que ses moines ne l'aimaient pas, cardinal pour avoir excommunié un cardinal, et pape à cause de la petite opinion que le sacré collége avait de lui.

Armand et Félix avaient écouté ces particularités sur Pie VII avec tant de plaisir, qu'ils ne pensaient pas même au sommeil. L'ancien serviteur du pape aurait volontiers continué à parler, mais il fallut absolument se séparer. La journée avait été fatigante, et pour aller coucher le lendemain à Gênes, il fallait dormir au moins quelques heures.

Si j'écrivais un voyage, je m'arrêterais long-temps à Gênes. Eglises, port, palais, galeries, je décrirais tout; pas un mot qui de mon memorandum ne passât chez l'imprimeur. Si vous êtes curieux, cher lecteur, de connaître toutes ces belles choses, je vous conseillerai non pas de lire un *Guide du voyageur à Gênes*, ou un *Voyage* en règle, mais bien d'aller voir par vous-même : car je vous assure qu'après avoir dévoré toutes les descriptions possibles, on a quelquefois une idée très fausse des objets même les plus minutieusement détaillés. Pour que vous ne m'accusiez pas cependant de vous faire traverser une ville aussi marquante, sans vous en faire voir au moins l'ensemble, je vous dirai, en peu de mots, que la ville s'élève en amphithéâtre sur des collines contiguës, et que de la mer, elle présente un des points de vue les plus gracieux. La perspective de Naples seule, je crois, peut le disputer à celle de Gênes. Les rues sont en général excessivement étroites, et pour la plupart fort rapides malgré leurs tortuosités : trois seulement, la strada

Balbi, la strada Nuova et la strada Nuovissima sont fort belles et bordées de magnifiques palais. La salle de spectacle qui vient d'être achevée, est un assez joli morceau d'architecture. On fait avec raison remarquer aux voyageurs le pont Carignan, qui unit deux collines, et sous lequel s'élève entre autres une maison à six étages. Le palais du gouvernement, où résidaient jadis les doges de Gênes, n'offre rien de remarquable à l'extérieur; l'intérieur est fort vaste et orné de peintures, de statues, d'inscriptions, d'armoiries, restes imposans, mais tristes d'une autre époque. Il est pénible d'entendre un soldat piémontais vous faire froidement l'inventaire de toutes ces illustrations génoises, et l'on s'attend à voir les Durazzo, les Doria, s'animer sur la toile, quand la voix du maître étranger résonne sous ces voûtes dont ils ont maintenu l'indépendance avec tant de gloire et au prix de leur sang. Tel est le sort des peuples; ils passent comme les individus! Du bruit, que l'on nomme la gloire; quelques années, quelques siècles d'existence, puis la destruction et bientôt l'oubli. Reculez tant qu'il vous plaira les limites des projets et des espérances de l'homme : tant qu'il reste attaché à la terre, pour terme de ses combinaisons, il trouve toujours la mort : celui-là seul ne voit point s'évanouir ses pensées, qui les élève au-dessus de la création, et les plaçant dans le Ciel, leur assure l'immortalité.

Quittez le palais des doges où tout vous afflige, parce que tout y parle du néant de l'homme, et passez à l'église cathédrale : quelle différence ! Là règne un seigneur qui ne passe point. Depuis six siècles que subsistent ces murs gothiques, que de changemens dans l'état politique de Gênes ! que de puissances éphémères que de gloires d'un moment ! que d'élévations et de chutes rapides ! Dans l'enceinte sacrée, rien n'a changé : toujours on y a vénéré le même Dieu ; toujours on a sacrifié la même victime sur cet autel devant qui sont venues s'agenouiller tant de générations englouties tour à tour. Qu'elle est grande cette religion catholique qui voit tout se bouleverser autour d'elle, sans être ébranlée, et dont l'influence vivifiante a tant de fois fécondé la poussière des tombeaux et enfanté de nouveaux peuples ! Majestueuse, elle s'avance à travers les ruines des empires, vers le trône de gloire qui l'attend et sur lequel, aux acclamations de toutes les puissances célestes, elle établira son règne éternel, alors que le monde à la voix du Seigneur disparaîtra comme un pavillon que l'on tend le matin, et qu'on emporte après quelques heures.

L'architecture de la cathédrale est d'un beau gothique, toute bâtie en marbre noir et blanc, et percée de peu de fenêtres étroites, elle offre un demi-jour fort recueilli. Un grand nombre de lampes d'argent y brûlent continuellement.

La cathédrale est peut-être l'église la moins riche de Gênes, et l'*Annonziata* la plus magnifique. Je ne dirai rien de sa somptuosité : à quoi bon compter sans fin des colonnes de marbre, de granit et de porphyre? Il est plus intéressant pour des Français de savoir qu'on y trouve le tombeau du duc de Boufflers, qui commandait la ville en 1746. Son épitaphe fait honneur à ses vertus. Dans l'église de Carignan, deux des plus belles statues sont du Pujet, sculpteur français.

Tout le monde sait que la république de Gênes, autrefois très puissante, s'était élevée et se soutenait par le commerce. On voit encore les traces de cette industrie : il règne dans la ville de l'activité, de l'aisance, quelques grandes fortunes ont survécu au naufrage général, mais on sent que Gênes *la Superbe* n'est plus la dominatrice des mers ; dans son port ne se pressent plus les pavillons de toutes les nations ; c'est encore une bonne place de commerce, mais elle reçoit maintenant l'impulsion qu'elle donnait jadis.

Ce qui frappa le plus Armand et Félix, fut de rencontrer dans les rues des religieux des différens ordres. Elevés dans notre France décatholicisée (au moins quant à l'extérieur), ils s'étonnaient de la variété, de la majesté de ces costumes dont ils n'avaient pas même l'idée.

Du moins, dit Félix, du moins on sent ici qu'on est dans un pays catholique. La religion n'est pas comme chez nous confinée dans ses églises, semblable à ces pestiférés qu'on enferme pour éviter la contagion. Elle se mêle au peuple, elle le pénètre, elle fait partie de son existence. Le prêtre n'est pas obligé de marcher pour ainsi dire en cachette et en toute hâte pour éviter quelque désagrément. comme si dans les rues il était en pays ennemi. Voyez-les ici, ils jouissent comme les autres du droit de respirer l'air, et ils peuvent aller à leurs affaires sans craindre d'être montrés au doigt ou poursuivis par des insultes.

— Il faut convenir qu'à Paris le sort d'un

prêtre est bien triste. Pour la plupart des habitans de cette ville si polie, il est comme une espèce de paria, qui n'a droit à aucun des égards dus au dernier des artisans, s'il est honnête homme. J'ai vu dans une maison honnête, où par méprise était entré un ecclésiastique, tout le monde se mettre aux fenêtres, et s'écrier: « Un prêtre! un prêtre! » comme s'ils avaient vu un Chinois ou un hippopotame. Et pendant que le pauvre malheureux cherchait la loge du portier pour prendre langue, il essuya les ricanemens de tous ces imbéciles. J'étais loin d'être dévot alors, mais l'indécence de cette scène me révolta; j'allai trouver ce monsieur, demandant qui il cherchait, et l'ayant su, je m'offris de le conduire : c'était à deux pas. « Non, Monsieur, me dit-il, si l'on vous voyait avec votre uniforme accompagner un prêtre, cela ferait peut-être mauvais effet. » Je vous demande s'il est préjugé plus ridicule? Comment, parce que mon ami, mon frère, a jugé plus beau et plus conforme à son génie de servir Dieu que de servir le Roi; de faire du bien aux hommes que de les tuer, je ne pourrai plus lui parler ou être avec lui qu'à la dérobée! Eh morbleu, je m'honore au contraire d'être vu avec celui qui par état est voué à la vertu ; tandis que je rougirais d'être rencontré avec une femme sans conduite, ou un homme taré, quoique peut-être le public n'y trouvât rien d'extraordinaire.

— Il n'est que trop vrai qu'en France, et surtout à Paris, le prêtre est traité en paria ; mais, mon cher ami, je plains ceux qui le traitent ainsi, plus que je ne les condamne.

— Comment !

— Sans doute. Avec leurs prétentions à l'esprit, ils sont d'une ignorance profonde. Ils croient en aveugles tout ce qu'ils entendent et tout ce qu'ils lisent. Et comme le parti impie s'est prévalu de tous les moyens pour rendre le clergé odieux, ils se sont, dès leur enfance, habitués à ne voir dans le prêtre qu'un imbécile, un imposteur, un ennemi de la société ; que sais-je, moi, toutes les injures dont sont remplis certains livres et certains journaux répandus à dessein. C'est au point que, s'ils rencontrent un ecclésiastique avec qui ils puissent converser quelques instans, ils deviennent presque toujours ses amis. Le mal est qu'ordinairement le préjugé les empêche même de lui parler : ou s'ils lui parlent, c'est pour l'insulter, pour se jouer de lui, comme il advient dans les diligences, par exemple. Que je plains un prêtre obligé à voyager par cette voie ! Je m'y suis trouvé une fois. Nous étions cinq dans l'intérieur, et, pendant qu'on achevait le chargement, la conversation s'était établie sur un ton assez gai... « Vite, vite, monsieur l'abbé, vous êtes en retard, » cria le conducteur. « Un calotin ! nous sommes frais ! » — « Conducteur ? y a-t-il une place sur l'impériale ? » — « Au premier relai je change avec quelqu'un de la rotonde !... » En un mot, on aurait cru qu'un ours ou un loup allait venir faire le sixième. L'abbé entra et dut se placer au milieu de la banquette de devant, aucun de ceux qui tenaient les coins ne lui offrant sa place : puis le silence le plus morne. Après une heure de route environ, on découvrit une fabrique dans le lointain. Un des voyageurs la fit remarquer à son vis-à-vis : « C'est celle de M. ***, où il a fait placer cette belle machine, vous savez ? » L'autre ne savait pas, et le premier interlocuteur en répétant *cette belle machine*, n'en pouvait pas même dire le nom, loin d'être capable d'en donner une idée juste... Comment diable s'appelle-t-elle?... Si vous le permettez, je puis vous le dire, dit l'abbé. Et sans attendre la réponse, il en décrivit avec beaucoup de clarté le jeu et les effets. La conversation peu à peu s'engagea. Sans faire attention à quelques quolibets, l'abbé parla d'agriculture, d'industrie, de sciences exactes, d'art militaire, de littérature en homme solide, et bientôt ces quatre ennemis si acharnés du clergé devinrent les auditeurs bénévoles de M. l'abbé, et le trouvant en outre gai et aimable, n'eurent plus d'attentions que pour lui. Ils convinrent que c'était la première fois qu'ils se trouvaient avec un ecclésiastique. « Eh bien, messieurs, leur dit leur nouvel ami, j'exige de vous une chose : quand vous vous rencontrerez avec un autre *calotin*, accueillez-le un peu plus humainement. Je ne vous dis pas de le traiter comme une connaissance ; un prêtre peut, comme un autre, être un homme peu sociable, mais du moins ne le recevez pas comme un Cosaque ou un Iroquois. » Je ne sais si la leçon leur profita...

Après quatre ou cinq jours de courses dans Gênes, les deux amis pensèrent à continuer leur voyage. Ils aspiraient à des contrées plus poétiques; le génie commercial des Génois ne leur a pas permis d'exceller dans les arts d'imagination, l'enthousiasme et l'arithmétique logeant rarement dans un même cerveau.

UNE

NOUVELLE CONNAISSANCE

—

Le bâtiment à vapeur *il Real Ferdinando* venait d'entrer dans le port de Gênes; notre jeune couple l'avait reconnu de loin à la fumée qui, s'échappant épaisse et noire du tuyau élevé en forme de mât, traçait sur l'azur du ciel une ligne horizontale et presque immobile, tant l'air avait de peine à rompre sa densité. Ils allèrent, avec bien d'autres curieux, assister à son entrée, et quand ils le virent passer glorieux près du mole, et jeter l'ancre au milieu des bâtimens à voile, avec lesquels il faisait un contraste saillant, il leur vint envie d'en essayer. — De Gênes à Livourne, ce sont vingt-quatre heures : nous n'avons pas fait vœu de pélerinage à pied, passons-nous donc cette fantaisie. — Le lendemain, dès le matin, le port était couvert de barques légères qui allaient et venaient de la jetée au bâtiment, portant, ou des voyageurs, ou des curieux, ou des marchandises ; vers les dix heures, la fumée s'élevant annonça le départ prochain, et bientôt après, un coup de canon parti du bord appela les voyageurs plus occupés à terre ou plus paresseux. Les nôtres étaient parmi les derniers, et tranquillement attablés chez Michel, savouraient un bon déjeuner, quand la détonation leur apprit qu'il fallait abandonner Comus pour Neptune. Ils se rendirent donc à bord, et peu après on leva l'ancre.

Si quelques-uns de mes lecteurs ont voyagé sur mer, ils conviendront que c'est une fort jolie chose, supposé toutefois qu'ils aient pu échapper au tribut commun à presque tous les nouveaux embarqués. Armand et Félix eurent ce bonheur : un cigarre à la bouche, ils se promenaient d'un bout à l'autre du bâtiment pour reconnaître les lieux et les gens. Le temps était assez gros, et il fallait entendre les cris de quelques passagères, quand une lame venait se briser sur la proue et couvrir d'eau tout l'avant ! Bientôt les cris cessèrent et firent place aux plaintes, aux gémissemens : c'était le mal de mer qui gagnait de proche en proche. D'abord de galans cavaliers, qui servaient les dames, voulurent tourner la chose en plaisanterie, puis ils les plaignirent, puis ils furent plus à plaindre qu'elles, et chacun, jeté sur son lit de camp, souffrait des nausées, des tournoiemens de tête et des hauts de cœur insupportables. Au milieu de cette scène d'hôpital, un voyageur d'une trentaine d'années paraissait impassible. Appuyé à bâbord sur un paquet de cordages, il semblait jouir beaucoup du spectacle de la mer tumultueuse ; d'une grande pipe qui durait depuis près de deux heures, il tirait lentement de solennelles bouffées de tabac, et ne s'occupait pas plus des cris de douleur, qu'il ne l'avait fait auparavant du léger babil des belles dames et des papillons qui voltigeaient autour d'elles.

ARMAND.

Voilà un monsieur qui a l'air d'un fameux original! faisons un peu connaissance avec lui : aussi bien à table nous n'aurons guère pour compagnie que lui et le capitaine ; les autres auront, je crois, peu d'appétit.

FÉLIX.

Soit : ce monsieur a l'air fort honnête, et puis, les connaissances faites sur mer sont comme celles de diligences, elles ne tirent pas à conséquence.

Les premiers complimens furent ce qu'ils sont toujours, des paroles vagues et assez froides ; l'inconnu se tenait fort sur la réserve, répondait avec politesse aux agaceries du curieux Armand, et, sans se laisser pénétrer, perçait à jour les deux jeunes officiers, sur qui, bien qu'à peu près du même âge, il avait l'avantage d'une expérience acquise dans une vie pleine de péripéties bizarres, et depuis assez long-temps vouée à la réflexion et aux pensées graves. Aussi, après une demi-heure de conversation il se déboutonna un peu, et les deux amis purent connaître qu'ils avaient affaire à un homme aussi peu ami qu'eux-mêmes des bouleversemens sociaux, découverte qui ne leur fit aucune peine, comme on peut le supposer.

Le vent, de contraire, était devenu favorable ; suivant l'usage des bâtimens à vapeur, on avait mis à la voile pour épargner le combustible ; on courait légèrement sur la mer encore un peu émue ; le tangage du bâtiment était à peine sensible, la lune paraissant et disparaissant tour à tour à travers les cordages et les voiles, semblait osciller dans le ciel. Attirés par la beauté de la nuit, presque tous les passagers s'étaient réunis sur le pont, et des musiciens italiens qui se trouvaient à bord répétaient les beaux chœurs *della Semiramide*. Cependant Armand et Félix, assis à part, assez loin de la cohue, jouissaient de la musique sans perdre le cours d'une conversation qui *nous* intéressait tous les trois : car l'inconnu était avec eux. Vous voudrez bien, cher lecteur, l'appeler désormais comme nous, M. Emile. Il n'a plus quitté les jeunes voyageurs depuis qu'il les a connus ; aventures, observations, tout a été commun, et si vous trouvez quelque plaisir à la lecture de ce petit livre, c'est à lui que vous en êtes redevables ; sans lui nous n'aurions jamais pensé à écrire, encore moins à imprimer.

ARMAND.

Vous nous servirez donc de guide en Italie ?

ÉMILE.

Bien volontiers. J'ai déjà parcouru ce beau pays : aux jouissances de l'artiste et de l'amant d'une belle nature, j'ai joint partout les émotions du chrétien, si douces en Italie pour qui n'a pas le cœur flétri par l'impiété ; partout j'ai recueilli une abondante moisson de souvenirs : il est certains endroits surtout que je brûle de revoir.

FÉLIX.

Je comprends votre désir ; il est si doux de se retrouver aux lieux où l'on a goûté un peu de bonheur !

ÉMILE.

Une simple curiosité, ou, si vous aimez mieux, une certaine sensibilité ne m'a pas seule fait quitter ma patrie. Depuis long temps je porte dans le cœur un désir qui me tourmente et que je n'ai pu satisfaire; de longs voyages, des occupations multipliées, des emplois brillans, les plaisirs, la fortune, l'étude, rien n'a pu qu'assoupir un instant cette idée qui toujours me poursuit. Je retourne en Italie avec le projet d'aller chercher la paix dans quelque couvent.

ARMAND.

Ah! parbleu en voilà une bonne! Vous faire moine! un homme d'esprit!....

ÉMILE.

Puisque vous voulez bien me juger *homme d'esprit*, vous devez croire que je n'ai pas formé un tel dessein sans y avoir quelque peu réfléchi, et sans en connaître la portée. Peut être dans votre étonnement entre-t-il beaucoup de préjugé. Voyons, pourquoi vous paraît-il étrange qu'un *homme d'esprit* se fasse religieux?

ARMAND.

C'est bien simple, quand on sait ce que sont les moines, gens inutiles, ignorans pour la plupart, vivant de la substance du peuple, souvent scandaleux, et presque toujours jouissant dans une sainte paresse des immenses revenus qu'ils possèdent on ne sait pourquoi.

ÉMILE.

Bravo, M. Armand! avec une charmante vivacité, vous avez réuni dans une courte diatribe des chefs d'accusation capables d'en imposer et d'inspirer la haine de tous les religieux en masse à qui n'aurait pas des données suffisantes pour vous répondre avec connaissance de cause. Je ne vous fais pas l'injure de regarder comme vôtres ces opinions très fausses : elles sont à l'ordre du jour en France, les livres élémentaires les inculquent malicieusement à l'enfance, et il est peu d'éducations qui soient exemptes de ces préjugés... et malheureusement de bien d'autres! Voyons un peu ce que valent vos assertions, que jamais, probablement, vous n'avez pensé à examiner avec un peu de critique. Veuillez observer, je vous prie, que je suis un témoin non suspect : j'ai observé avec soin les ordres monastiques, et il m'importait trop de connaître la vérité pour que mon jugement n'ait pas été sévère plutôt qu'indulgent.

Il ne s'agit pas ici d'examiner chaque ordre

en particulier, nous les verrons agir dans notre voyage, et je vous mettrai à même de les juger par vous-même, je veux seulement répondre à votre petit plaidoyer qui attaque les religieux en général.

Gens inutiles! dites-vous d'abord, et moi je prétends qu'ils sont fort utiles à la société comme à l'individu. Vous n'êtes pas de ceux qui voudraient bannir Dieu du monde; vous aimez la religion, vous la voudriez florissante, vous gémissez de voir la foi s'affaiblir peu à peu et le nombre des déserteurs augmenter chaque jour. Les *gens inutiles* contre qui vous déclamez apporteraient le remède à ces maux.

Troupes auxiliaires de l'Eglise, les religieux suppléent à ce que ne peut faire le clergé, surchargé d'immenses obligations. Quelque zélé que soit un curé, le soin de son troupeau lui impose une foule de devoirs qui lui ravissent une grande partie de son temps. Quel avantage pour lui s'il peut trouver des hommes voués par état aux travaux apostoliques, et à qui il peut confier l'instruction et la direction d'une partie de son peuple! Observez que la plupart des grands prédicateurs et des docteurs fameux se sont formés dans le silence et la solitude du cloître : le monde où, malgré lui, se trouve plus ou moins jeté le prêtre séculier, ne favorise guères le développement de toutes les qualités que requiert le grand ministère de la parole divine. Outre cet avantage incontestable, calculez le bien immense que produit sur la population la présence d'hommes dont la vie rappelle sans cesse les idées de dévoûment, de mépris de la terre, de désir du ciel. J'ai vu des petits couvens de campagne, habités par de bons Pères capucins, et qui sont la consolation de tout le pays. Là vont en foule les paysans, sûrs de trouver selon leurs besoins, un secours, un conseil, une de ces paroles qui font tant de bien à un cœur affligé. Et quand quelqu'un des Pères sort pour accomplir quelques œuvres de son ministère, comme il est accueilli dans les cabanes, comme on s'empresse de lui offrir les petits services qu'on peut lui rendre! Dans ce commerce de confiance et de cordialité, toutes les paroles qui sortent de sa bouche font impression, et une petite visite du frère quêteur dans une famille, porte plus de fruit quelquefois que le plus beau sermon. Ainsi, le peuple habitué à s'entretenir des choses de Dieu, conserve l'esprit de foi, le respect pour les bonnes mœurs, et évite les désolans et honteux excès où portent les doctrines d'impiété.

ARMAND.

Mais, Monsieur, vous parlez là de bons religieux; le mal est qu'il s'en trouve peu de tels.

ÉMILE.

Attendez; n'embrouillons pas les choses : nous parlons maintenant des ordres religieux en général, et je vous ai prouvé qu'ils sont loin d'être inutiles à la société. Je répondrai plus tard à votre objection, à laquelle je me contenterai, pour le moment, d'opposer un fait. Quand la faction dite alors *philosophique*, voulut arracher la religion du cœur des peuples, que fit-elle? elle commença par combattre les religieux. Bien qu'alors régnassent de grands désordres dans quelques cloîtres, les ennemis de Jésus-Christ comprirent que tout mauvais que pouvaient être les ordres, ils formaient une barrière qu'il fallait briser pour aller plus avant. Les jésuites durent tomber les premiers, et une vaste conspiration s'ourdit contre eux dans toute l'Europe. On laissa un peu plus d'existence aux autres, dont l'influence était moins grande, puis ils succombèrent à leur tour ; vint ensuite le clergé qu'on persécuta, puis enfin on s'attaqua à Dieu même : vous savez ces tristes histoires.

Quant à l'utilité des ordres religieux pour les individus, c'est une de ces vérités qui n'ont pas besoin de démonstration. Il suffit d'avoir vécu quelques momens dans le monde, pour avoir rencontré bien des hommes à qui les devoirs de la société pèsent, et qui sont inhabiles à les remplir. Pour eux le bonheur c'est de se séparer, de s'abstraire, de se retirer en soi-même. On a supprimé les ordres, et grâce à la *liberté*, l'on n'est plus maître de se choisir un état de vie qui rendrait heureux ; mais on n'a pas pu *supprimer* les besoins du cœur de l'homme, ils sont restés avec toute leur vivacité ; et qu'a produit celui que je vous indiquais tout à l'heure ? Une noire mélancolie dans quelques-uns ; dans d'autres un libertinage qui les ennuie et dont ils redoublent les excès pour s'étourdir. Quelques-uns ont écrit des livres pleins d'une amère misanthropie, d'autres se sont bravement suicidés pour se délivrer d'une vie dont ils ne savaient que faire. Croyez-vous que ces gens-là n'auraient pas été fort heureux de trouver dans les cloîtres la solitude dont ils ont besoin, en même temps que les pratiques de la vie religieuse et la méditation des hautes vérités auraient donné un aliment au feu qui les dévore?

ARMAND.

Il n'est pas moins vrai qu'en quittant ainsi le monde, ils abandonnaient le poste où les a placés la Providence.

ÉMILE.

Doucement! Il faudrait d'abord, monsieur, me prouver que Dieu nous a faits pour travailler dans le monde matériel. Les économistes qui calculent le produit d'un homme, comme celui d'un cheval et d'un bœuf, ont proclamé ce principe; mais observez qu'ils partent d'un point de vue faux, en établissant une société tout-à-fait en dehors de la religion. En outre, admettons un moment votre principe, et permettez-moi de vous demander quelle est la profession de monsieur votre père.

ARMAND.

Grâce à Dieu, il n'en a pas. Sa fortune est

fort belle et il la mange tantôt dans son château, tantôt à Paris.

ÉMILE.

Il me paraît en conséquence qu'il travaille tout aussi peu pour la société que le religieux accusé par vous d'avoir *abandonné son poste*.

ARMAND.

Pardonnez-moi ; mon père, ou pour mieux dire, un homme riche travaille à sa manière en faisant circuler l'argent.

ÉMILE.

Et moi je vous réponds que mon religieux paye parfaitement cette dette-là à la société. Si vous le supposez riche avant sa profession, ou il laisse ses biens à sa famille, et alors ses ayant cause dépensent ce qu'il aurait dépensé et l'argent circule ; ou il porte sa fortune dans son ordre, et l'ordre le dépense et l'argent circule encore. Si vous le supposez pauvre, alors.....

ARMAND.

..... Alors il va vivre sans rien faire, tandis qu'il aurait travaillé s'il ne se fût pas fait religieux.

EMILE.

Oh! Et si je vous disais qu'au lieu de travailler il aurait été dans le monde un escroc ou un voleur de grand chemin, tandis que sa religion lui donnera les moyens de développer des talens que sa pauvreté laisserait ignorés, que pourriez-vous répondre? Sont-ils si rares les exemples d'hommes à qui la société ne mettait à la main qu'une bêche ou un rabot, et qui dans un ordre sont devenus des savans distingués?

FÉLIX.

Cher Armand, vous défendez une mauvaise cause et il est tout simple que vous soyez battu. Réfléchissez un peu sur ce que nous a dit ce soir M. Emile, puis enveloppez-vous dans votre manteau et dormez. Il est temps désormais de reposer; à demain.

Le lendemain nous entrâmes dans Livourne, fort jolie ville de la Toscane. L'affluence des étrangers, attirés de tous les pays par la franchise du port, donne à ses belles rues un aspect fort animé. Près d'un élégant Français, un Turc au large turban fume gravement sa longue pipe, tandis qu'un négociant anglais accueille froidement les paroles rapides et les gestes grimaciers d'un Grec qui le veut tromper. Le cours est comme le rendez-vous de l'Europe et de l'Asie. Là on se promène, on court, on cause, on chante, on parle d'affaires. Des groupes sont toujours formés à la porte des nombreux cafés, où l'on boit l'alexandrie et le pur moka, et la foule se presse à toutes les heures du jour dans les fort bons restaurans où chacun trouve à satisfaire les goûts qu'il a apportés de son pays. Nous fûmes témoins d'une jolie fête qui, nous a-t-on dit, retourne périodiquement chaque année. C'est une course de bateaux sur les canaux qui circulent dans la ville. Chaque barque contenait six rameurs demi-nus et distingués en deux factions par la couleur de leurs caleçons. Au premier tour qu'ils firent, les spectateurs pressés sur des amphithéâtres élevés le long des rives, ne leur prêtèrent pas grande attention : les chances de succès paraissaient encore égales. Aussi chacun armé de son lorgnon explorait les environs. Armand se distinguait parmi le grand nombre d'autres lorgneurs, par la grâce avec laquelle il faisait ses observations, et je crois que sa taille gracieuse et ses petites moustaches noires lui attirèrent plus d'un regard. Quoi qu'il en soit, Félix et Emile moins curieux et plus graves ne furent pas fâchés de recueillir les fruits de la coquetterie de leur ami. Sans lui auraient-ils jamais découvert cette jolie paysanne toscane, aux longs cheveux bouclés, au chapeau de paille légèrement jeté sur l'oreille, au corset de soie rouge, au jupon bleu de ciel; auraient-ils remarqué sans lui avec quelle grâce les dames italiennes savent draper le long voile qu'elles attachent au sommet de la tête? Armand découvrait tout, son regard pénétrait les rangs les plus pressés, et pas un original, pas un joli costume dont il n'amusât ses amis: ils riaient beaucoup de ses explorations quand le bourdonnement causé par le babil universel se transforma tout à coup en une clameur générale. Deux barques, une rouge et une bleue, bien en avant de toutes les autres, couraient sur l'eau d'une vitesse égale. Attentifs aux signes de leurs patrons, les rameurs tendus sur les avirons battaient l'onde à coups plus ou moins pressés selon que l'exigeait le besoin : quelque temps la victoire est indécise, tour à tour les deux partis obtiennent un léger avantage; enfin près du terme, les rouges par un coup adroit troublent la manœuvre de leurs adversaires, et profitant du moment d'indicision qu'ils leur ont causé, les précèdent de toute la longueur de leur barque, et s'emparent du prix promis au vainqueur. Mais là commence une nouvelle lutte : du sommet d'un mât énorme quatre cordes presque verticales vont s'attacher sur la rive : à chacune s'élance un des marins victorieux et s'aidant des bras et des jambes, vole plutôt qu'il ne grimpe sur cette lice aérienne. Le premier arrivé au sommet se suspend par un bras à la corde, puis de l'autre main détache un petit drapeau qu'il fait voltiger en saluant les spectateurs, et redescend au bruit des applaudissemens. Nous eûmes là pour la première fois une légère idée de la facilité avec laquelle les Italiens se prennent d'enthousiasme. Mais Livourne ne pouvait encore nous initier dans le caractère italien; il y a là trop de mélange. Et en général, ce n'est pas dans les grandes villes qu'il faut juger un peuple. Elles peuvent offrir des traits saillans, des observations curieuses; on y voit comment de certaines mœurs de convention, qui sont les mêmes partout, vont par degrés luttant et se combinant avec les coutumes nationales;

quant au type d'un peuple, c'est dans les masses des campagnes, dans la comparaison des villes isolées qu'on le retrouve, plus pur chez les campagnards, toujours défiguré plus ou moins chez les citadins.

On nous dit qu'il y avait à Montenero un pélerinage fameux. Livourne se dépeuplait, et de plusieurs milles à la ronde on accourait pour rendre hommage à la Madonna (la Ste-Vierge), qu'on vénère sur la montagne dans une jolie église. Félix et Armand, qui ne connaissaient de pélerinages que le nom, décidèrent sur-le-champ qu'on irait aussi rendre ses devoirs à la Madonne. Emile paraissait assez froid sans cependant désapprouver le projet.

— Prenons donc trois chevaux, dit-il.

— Des chevaux! ô bella! s'écrièrent les deux fanatiques.

— Mais, messieurs, la chaleur, la poussière.....

— Bah, bah! Comment n'avez-vous pas honte, vous qui êtes au fait des pélerinages, de nous proposer des chevaux? Est-ce qu'on ne va pas toujours à pied aux lieux de dévotion?

Emile les regarda en riant, se tut, et nous partîmes.

En revenant Emile riait plus encore qu'en partant, les autres étaient furieux!

— Je vous l'avais bien dit, qu'il fallait prendre des chevaux !

FÉLIX.

Parbleu si j'avais cru aller à Long-Champs, j'aurais suivi votre conseil ; je croyais bonnement me rendre à un lieu de dévotion.

ARMAND.

Jolie dévotion, ma foi ! des filles agaçantes, des jeunes gens coquets, des œillades par-ci, des petits mots par-là, une cohue dans l'église, et au dehors un étalage de luxe et de vanité. On a bien raison en France de ne pas donner dans ces sottises-là : les pélerinages sont faits pour ôter la foi à ceux qui l'ont. Mais, pourquoi ne pas nous avertir? C'est un mauvais tour que vous nous avez joué.

ÉMILE.

Non, mes amis, c'est un service que je vous ai rendu. J'ai voulu vous laisser former votre jugement, sûr que vous donneriez dans l'excès où tombent beaucoup des voyageurs même les mieux intentionnés, qui décident sur un premier coup-d'œil et de bonne foi souvent induisent en erreur ceux qui les écoutent ou qui les lisent. Nous avons à voir d'autres pélerinages dignes de ce nom ; mais puisque vous m'avez fait votre guide, j'ai dû vous faire passer par la première épreuve, heureux d'avoir un ami qui puisse rectifier une idée fausse, capable d'établir chez vous un préjugé. *Les pélerinages*, dites-vous, *sont faits pour ôter la foi* : examinons. Je veux vous habituer à réfléchir, à peser avant de poser une opinion en principe. Par pélerinage, vous entendez sans doute, comme tout le monde, un voyage plus ou moins long, entrepris pour visiter quelque lieu saint avec l'intention d'augmenter la dévotion, de satisfaire à quelque vœu ou d'expier quelque faute, et déjà ce simple exposé de la nature et du but du pélerinage montre que c'est une chose bonne en soi, et qu'en la distinguant des abus que vous pouvez avoir remarqués, elle n'a rien qui puisse ôter la foi. L'abus en est inséparable, direz-vous. Il y a là du faux et du vrai. Tous les livres de piété qui traitent de cette bonne œuvre, avertissent qu'elle porte avec soi de grands dangers, à cause de la dissipation, des occasions, et si le voyage est long, de la fatigue et par conséquent du prétexte au relâchement qu'elle entraîne après soi. Aussi ne la conseillent-ils à personne ; au contraire ils la défendent en général, se contentant d'indiquer des précautions et des règles de conduite à ceux à qui un sage confesseur a permis de l'entreprendre. Vous ne trouverez pas une personne vraiment pieuse qui se permette un pélerinage sans l'avis du guide de sa conscience, et vous conviendrez vous-même que, si l'on n'entreprend un pieux voyage qu'avec les conseils et les avis d'un homme prudent qui connaît et le fort et le faible de votre âme, et qui vous donne les moyens d'éviter les dangers, on ne court pas grand risque de perdre la foi. D'autres y vont sans ces précautions, et plusieurs y trouvent un écueil à leur vertu; mais est-ce la faute du pélerinage ou du pélerin? Enfin, beaucoup y vont par pure curiosité, par esprit de vagabondage et même avec l'intention de faire du mal. Que voulez-vous ? parce que l'homme méchant peut tout souiller de sa malice, faut-il supprimer des choses bonnes en soi, et dont beaucoup tirent un avantage réel? Vous avez vu aujourd'hui un excès dans le mal, c'est vrai; mais il faut tout considérer. Montenero, jadis lieu de retraite et de pénitence, est devenu peu à peu un lieu de délices et de joies profanes. Voyez la montagne; ses flancs sont couverts de charmantes maisons de plaisance; on n'y va que pour s'amuser. L'ancienne coutume a subsisté, ou plutôt on y a substitué une promenade, un rendez-vous; ce n'est plus un pèlerinage. Que l'autorité ecclésiastique s'oppose à cette réunion qui usurpe un nom saint, c'est à sa sagesse à décider l'opportunité d'un tel coup, et probablement le prélat qui dirige ce diocèse nous donnerait des raisons que nous ne pouvons soupçonner, nous qui jugeons les choses en dehors. En outre, mes amis, croyez-vous qu'aujourd'hui même beaucoup de saintes âmes n'aient point rendu à la Madonna di Montenero des hommages dignes de la reine des anges? n'en doutez nullement. Le mal est effronté et saute aux yeux; le bien, si l'on veut le connaître, il faut le chercher dans l'obscurité où il aime à se cacher.

Les sanctuaires de sainte Anne en Bretagne, de saint François-Régis dans le Vivarais, de Notre-Dame-du-Lau sdans le Dauphiné, et d'autres encore, attirent chaque année un assez grand nombre de pélerins, et, sauf quelques abus inévitables, vous n'y verriez rien que de très édifiant. Je ne sais si vous avez été quelquefois aux neuvaines du Mont-Valérien près Paris. J'avais entendu dire beaucoup de mal de ces pieuses réunions, je m'y suis rendu plusieurs fois pour savoir à quoi m'en tenir, et je puis vous affirmer que d'ordinaire les curieux étaient en petit nombre, et que, pour la plupart des fidèles qui couvraient la montagne, c'était vraiment une fête pieuse. Je conviens d'y avoir vu certaines choses qui ne trouveraient pas leur place dans la vie des saints; mais n'oublions jamais que les inconvéniens extrinsèques d'une institution ne suffisent pas pour la faire juger mauvaise.

De Livourne à Pise nous fîmes une jolie promenade. La route traverse une plaine coupée par une infinité de canaux qui la rendent très fertile, et peut-être aussi un peu malsaine, car nous n'y avons pas vu un nombre d'habitations en rapport avec le produit présumable des terres. Comme il faisait fort chaud, nous avions pris une voiture dans laquelle deux places étaient déjà occupées. L'un de nos compagnons de voyage était un brave homme de Français, marchand d'huile de son métier, et qui allait négocier en Italie sans savoir un mot d'italien. Petit, grassouillet, vraie figure à croquer, au demeurant, le meilleur fils du monde. L'autre était un gros Italien très important, ou du moins se croyant tel. Enfoncé dans le coin de droite, il nous jeta à peine un regard oblique et continua à s'essuyer le visage avec son mouchoir, en criant *che caldo! che caldo!* (quelle chaleur). On part, la poussière nous oblige à fermer les glaces, le gros homme se fâche en italien contre le marchand qui, sans le regarder, nous répète : « Mais répondez donc, » et sans répondre nous rions comme des fous. Dépité de ne point nous en imposer, l'Italien tire de sa poche une pipe, et après le préambule d'usage *con permesso* (vous permettez), il se met à fumer comme un Suisse. Doués du même défaut, nous ne redoutions pas le tabac dont au contraire nous préférions l'odeur à celle du personnage; mais le pauvre petit marchand! il ouvre la glace et un nuage de poussière nous envahit. Nous crions tous, le petit bon-homme qui n'en pouvait plus, tient ferme et attrape de son mieux un peu d'air à travers la fumée et le sable pulvérisé que font voler les chevaux. Mais voici bien une autre histoire : l'Italien veut profiter de la fenêtre ouverte pour cracher, et le vent chaque fois porte le liquide impoli sur le beau gilet à fleurs de M. *** qui à son tour se fâche sans être compris. « Mais, monsieur! mais, monsieur! est-ce comme cela qu'on fait? Mais c'est mal, très mal! on ne se comporte pas comme cela! » L'autre, qui ne savait pas de quoi il s'agissait, regardait le petit marchand et crachait toujours. Quand nous pûmes articuler deux mots dans un intervalle du fou rire qui nous tenait, nous expliquâmes à l'Italien de quoi se plaignait son vis-à-vis, et il fallut voir alors le débat de politesse entre le gros homme qui voulait avec son mouchoir réparer sa faute involontaire, et le petit qui se refusait modestement à cette gracieuse prévenance.

Pise, autrefois si fameuse et si redoutée, n'est plus maintenant qu'une belle ville du duché de Toscane. Quand nous la visitâmes, les écoliers de l'université étaient en vacance, et les rues semblaient désertes. Un beau site, des maisons fort bien bâties, l'avantage d'un fleuve qui la traverse, devraient faire de Pise une ville florissante; malheureusement elle est trop près de Florence et de Livourne, et avec tous ses agrémens elle est quasi abandonnée aux étudians et aux étrangers qui y affluent. Tout le monde a entendu parler de la tour penchée, et presque tous les voyageurs ont pris parti dans la fameuse question de savoir si elle a été construite ainsi à dessein, ou s'il faut faire honneur à un accident de ce prodigieux effet d'architecture. Quoi qu'il en soit, que nos lecteurs se figurent une tour ronde très élevée, inclinée vers la terre d'une manière effrayante. Quand du sommet où, par parenthèse, le petit marchand ne voulut pas nous suivre, on regarde en bas, on frémit en se voyant ainsi suspendu dans l'air sans base apparente. Il n'y a pourtant aucun danger, puisque depuis plusieurs siècles elle est dans cette situation sans avoir jamais éprouvé le moindre mouvement. Elle sert de clocher à la cathédrale, magnifique édifice gothique à cinq nefs, dont les voûtes sont soutenues par des colonnes des marbres les plus précieux. Ses trois portes de bronze sont des chefs-d'œuvre; elles disputent le prix de la perfection à celles du baptistère de Florence, dont Michel-Ange avait coutume de dire *qu'elles étaient dignes d'être les portes du paradis.* Le *campo-santo*, ancien cimetière, est un immense carré long, tout entouré d'un portique de l'architecture gothique la plus élégante. Les murs intérieurs sont couverts de peintures des pères de l'art, qui malheureusement commencent à se détériorer. La première fois que nous vîmes des fresques exposées ainsi à l'air, nous ne pouvions concevoir leur étonnante durée. Il faut avoir quelque temps vécu sous le beau ciel d'Italie pour comprendre comment sa douce influence conserve, pour ainsi dire, au lieu d'altérer. De là l'existence de ruines immenses, privées depuis des siècles, par la main des hommes, de leurs points d'appui, et qui cependant subsistent. Trois ou quatre de nos hivers hérissés de neiges et de glaces les réduiraient en un amas de pierres informes. Le portique du *campo-santo* est pavé de pierres sépulcrales. D'autres tombeaux sont dans le milieu du carré long, où long-temps on eut la dévotion de faire reposer sa dépouille mortelle, parce que ce lieu est rempli de terre apportée de Jérusalem. Les quais de l'Arno sont magnifiques, et trois beaux ponts dont l'un est tout en marbre, unissent les deux parties de la ville, qui seule en Italie, peut offrir en ce genre un coup-d'œil aussi majestueux.

Nous allâmes à Florence à pied, suivant le plan arrêté à Nice. En parcourant cette belle route qui suit la rive gauche de l'Arno, on se croit dans un pays enchanté. Toutes les maisons sont gracieuses, et si les matériaux en sont pauvres, je ne sais quel instinct de bon goût en a su rendre la perspective élégante. C'est là que se fabriquent les chapeaux de paille si prisés par nos belles dames. Ce travail n'a rien de fatigant, et pour le bien faire il faut conserver aux doigts une finesse et une agilité incompatibles avec les travaux rustiques. Aussi les villageoises qui se livrent à cette branche d'industrie, se gardent-elles bien de s'occuper de la culture des champs ou du soin des bestiaux. Des paysannes, elles n'ont que la fraîcheur et la naïveté ; elles ne connaissent ni le hâle, ni la misère, ni la fatigue. Dans leur costume pittoresque et toujours soigné, parce que leur travail est très productif, elles travaillent en chantant à l'ombre des arbres dont la plaine est couverte, et semblent les modèles des bergères de nos poètes, si différentes de nos bergères des champs. Les terres n'ont point en Italie cette nudité qui les rend si tristes en France après la récolte. Elles sont presque partout plantées en quinconces; cette méthode a le double avantage de préserver le sol des ardeurs trop brûlantes du soleil, et d'offrir un appui aux vignes, qui portent leurs jets jusqu'à la cime des arbres, et, passant de l'un à l'autre, forment de toute part des guirlandes de pampres et de verdure, culture qui donne un aspect riant aux campagnes, en même temps qu'elle atteste leur fécondité.

Nous restâmes à Florence un temps assez considérable, car la ville offre à l'amateur des arts d'innombrables sujets d'admiration. Mais, comment vous faire participer, cher lecteur, aux jouissances que nous avons éprouvées? Tout ce que nous pourrions faire serait de vous porter de galerie en galerie, d'église en église, et de vous faire une énumération fidèle : ici, une vierge du Barroccio; là, une mise en croix de Paul Véronèse; plus loin, la vierge à la chaise de Raphaël,... etc., etc. Cela n'en finirait plus, vous ennuierait, et, à dire la vérité, ne nous amuserait pas beaucoup. Il vaut mieux tout simplement consigner ici que Florence est la ville d'Italie la plus riche en peintures des grands maîtres, avec Rome cependant, qui, selon nous, peut le lui disputer pour le nombre et le prix des morceaux.

Nous avions souvent entendu vanter la supériorité de l'Italie en fait de beaux-arts, et notre orgueil national se révoltait: l'expérience nous a forcés à faire chorus, et à reconnaître que pour la peinture, la sculpture, la musique, la nature ne nous a pas favorisés comme l'Italien. Une vivacité surprenante d'imagination, des organes délicats, l'influence d'un ciel et d'une nature enchantés, la profusion des chefs-d'œuvre qui dès l'enfance forment les yeux et le goût à l'habitude du beau, rendent ce peuple plus naturellement artiste que le nôtre. Chez nous, il faut aller dans les galeries pour voir de beaux morceaux, c'est-à-dire qu'il faut déjà être artiste ou fait pour le devenir, sentir en soi un besoin d'aller contempler des modèles; en Italie, on les trouve partout, dans les églises, sur les places publiques, dans les jardins; les beaux-arts sont populaires : ils pénètrent l'homme malgré lui. Tous ne deviennent pas des maîtres, parce que tous ne naissent pas avec le génie, mais nous avons observé que les *barbouilleurs*, les peintres de village et de cabaret ont, dans leur ignorance, un sentiment qui les éloigne des ignobles caricatures dont nos artistes de bas étage bariolent les enseignes et les murs. Des peintres de coins de rue, on pourrait passer aux peintres d'atelier, et continuer le parallèle; mais qui sait... notre petit livre pourrait tomber entre les mains de quelque élève du Conservatoire, à qui notre jugement peut-être ne plairait pas, et nous ne voulons nous brouiller avec personne.

Quant à la musique, l'affaire est jugée. Le goût italien l'emporte. Que les faubouriens de Paris nous pardonnent : nous les avons souvent entendus chanter quand, pleins de joie et de vin, ils font, au retour de la Chaumière ou de la Courtille, retentir les rues de leur musique bruyante, et nous devons dire qu'ils ne l'emportent pas sur la mélodie légère et les cadences pleines de goût du maçon ou du batelier italien. Nous suivîmes une fois une troupe de moissonneurs qui regagnaient leurs montagnes. Trois hommes portaient des guitares, trois des violons, et un autre était armé de je ne sais quel instrument à vent. Les femmes chantaient une ronde, les enfans accompagnaient en soprano, et les hommes soutenaient le chœur par leur voix de basse et le son de leurs instrumens : j'avoue que je fus ravi de cette musique inspirée par la nature. Il n'y avait pas de science musicale, chaque partie pouvait être défectueuse et mal exécutée, et cependant l'ensemble était plein d'harmonie, d'entraînement, de magie.

Revenons à Florence. On sent en parcourant la ville qu'elle est la résidence d'une cour polie et protectrice des arts : un je ne sais quoi de propre, d'élégant se retrouve partout. Florence n'a pas la majesté sévère de Rome, elle a quelque chose de plus *comme il faut* que Naples. Rome inspire les grandes pensées, Naples porte l'ivresse dans les sens, Florence anime l'imagination d'une manière douce et caressante. Ce n'est pas qu'elle n'ait ses souvenirs terribles : çà et là les massifs palais gothiques de la noblesse florentine rappellent les sanglantes factions qui si long-temps troublèrent l'Etat. A voir ces murailles épaisses, ces tours crénelées, ces portes surbaissées et garnies de herses et de machicoulis, je m'attendais toujours à trouver le seigneur du lieu avec une barbe pointue, une grande épée au côté, et l'air rébarbatif du treizième siècle : c'eût été plus romantique et plus en harmonie avec les abords de la place; mais je dois dire que toujours j'ai rencontré des hommes fort polis, des dames très aimables, souvent beaucoup d'esprit et d'élégance de manières. Au dehors, c'est la barbarie, la terreur, la guerre; au dedans, tout est grâce et aménité. C'est au reste une noble pensée qui conserve aux vieux bâtimens leur caractère historique. Pauvre

Paris, comme on t'a arrangé! Nous aussi, nous étions riches d'antiquités et civiles et religieuses! Notre cité reine étalait à tous les yeux ses vieux titres, et l'étranger, en parcourant ses rues, trouvait partout de nobles souvenirs de gloire ou de malheurs; partout les siècles passés étaient là, commandant le respect pour la ville antique. Maintenant on a calculé que tant de toises de terrain peuvent rapporter tant par an, et vite on s'est débarrassé des vieux monumens pour y substituer de belles et grandes maisons à six étages. Voilà de l'argent placé! Et puis lisez les relevés des octrois, comme cela rapporte à la ville !... à la bonne heure! Il y a des gens à qui on ne peut faire concevoir qu'un sentiment moral vaut mieux que quelques centaines de mille francs. Le mal est qu'on travaille depuis longtemps à faire des hommes autant de machines à calcul. Qu'ils aient une âme à sauver, qu'il existe certaines idées générales et élevées qui, répandues dans les masses, y conservent la morale, cela importe fort peu : ce qui importe, c'est qu'ils comprennent bien comment on arrive à résoudre le problème fondamental : dans un temps donné, produire le plus possible avec le moins de fatigue et de dépense.

Voilà le grand point! résolu déjà par Cartouche et Mandrin, qui *produisaient* beaucoup en un moment et sans grande peine. — Mais nos producteurs seront honnêtes gens. — Qui vous l'a dit? Je crois, moi, que votre éducation *philosophique* va tout droit à l'effet contraire.

C'est à M. Emile que vous devez ce discours, qu'il développa bien plus au long dans le trajet du palais Abbizzi à la cathédrale. Il ne tarissait pas, indigné de voir cet assassinat moral des peuples à qui l'on cherche à ravir leur passé, afin qu'ils soient sans dégoût du présent qu'on leur fait, et sans crainte sur l'avenir qu'on leur prépare. Armand et Félix jusqu'alors avaient fait écho à toutes les voix qui vantaient l'embellissement de Paris; pour eux, une maison qu'on bâtit n'était qu'une maison qu'on bâtit; ils comprirent cette fois qu'une chose indifférente, ou bonne en elle-même, peut-être fort mauvaise à cause de son principe, et ils avouèrent que le philosophe aussi bien que l'artiste doit gémir sur cette fureur de détruire si générale, et malheureusement si applaudie.

Santa Maria del Fiore, cathédrale de Florence, est un superbe morceau d'architecture :

commencé en 1294, il fut terminé en 1445 par Brunellesco, artiste fameux, qui doit une partie de sa gloire à la coupole qu'il éleva avec une hardiesse et une grâce parfaites. Cette vaste église, toute pavée de marbre, et dont les murs extérieurs sont tout incrustés en marbre noir et blanc, a 426 pieds de long et 353 de large. Elle renferme des tombeaux plus remarquables par les noms de ceux dont ils couvrent les os, que par l'exécution des figures. Nous remarquâmes un portrait du Dante. La mémoire de ce génie prodigieux est en grande vénération à Florence : on montre encore l'endroit où il aimait à s'asseoir sur la place de Santa Maria. Après avoir été quatorze fois ambassadeur de la république, il alla terminer ses jours en exil à Ravenne : revers assez commun dans les petits états, où les passions se heurtent de plus près, et où les haines personnelles ont une âcreté inconnue aux peuples constitués sur des bases plus larges. Florence, toujours agitée, ne commença à respirer que quand le pouvoir y fut dans les mains d'un seul.

La tour ou clocher, encore ici séparée de l'église, a l'avantage si rare dans les ouvrages d'architecture de réunir la grâce à la majesté :

on ne sait si l'on doit plus admirer ou sa masse imposante, ou son ordonnance légère. Aux quatre coins de la base sont de fort belles statues. On nous avait beaucoup vanté le cabinet d'histoire naturelle; on ne peut nier qu'il ne présente une belle collection, surtout pour les préparations anatomiques exécutées en cire avec une rare perfection; mais ni à Florence, ni à Bologne, ni à Naples, nous n'avons rien rencontré qui puisse le disputer, ni même être comparé au Jardin du Roi de Paris. Ménageries, galeries d'animaux empaillés, d'insectes, de minéraux, cabinets de physique, d'anatomie, laboratoires, tout est inférieur à ce que la science étale chez nous aux regards du public. Il serait étonnant au reste qu'il en fût autrement. Outre l'énorme différence de moyens matériels mis à la disposition des académies de Paris et de celles d'Italie, il en est une autre raison fondamentale. Malgré le très haut mérite de plusieurs savans qui ont honoré et honorent encore les pays d'au-delà des Alpes, le goût de l'instruction est assez peu répandu : on trouve des improvisateurs et des peintres à chaque pas, il faut beaucoup chercher pour rencontrer un naturaliste ou un mathématicien. Les études premières elles-mêmes sont presque partout très faibles et basées sur des méthodes routinières, peu capables d'accélérer les progrès. Peu de gens savent lire dans le peuple ; et de cette ignorance plus ou moins profonde, mais à divers degrés généralement répandue, il résulte une grande indifférence pour les objets de science. Les hommes instruits en souffrent, font ce qu'ils peuvent, mais sont-ils compris? Je suis sûr que le plus riche tribut d'éloges que recueille leur zèle, est payé par les voyageurs, presque uniques admirateurs de fort belles collections. Quelle différence! J'ai souvent été dans les musées des différentes villes d'Italie, et presque toujours j'y ai pu, dans une parfaite solitude, faire mes observations : allez au cabinet d'histoire naturelle de Paris un jour de fête; voyez comme le peuple se presse, comme il regarde, comme il interroge quand l'occasion se présente, quelle activité d'esprit, quel désir de savoir! O Français! si vous vouliez, quels hommes vous seriez! Avec quelle largesse vous a comblés le Créateur de dons admirables! Tournez vers le bien vos facultés puissantes, et vous êtes les maîtres du monde, qui se plaira alors à reconnaître votre supériorité. Votre influence est funeste aux peuples tant que vous ne cherchez qu'à leur inoculer la fièvre qui vous dévore; marchez dans la voie du vrai progrès qui se fait en Dieu, et tous se réjouiront de vous suivre, car vous êtes faits pour être les premiers!

Nous admirâmes beaucoup la *peste* de l'abbé Bumbo. Cet habile anatomiste et modeleur a représenté en cire les différens effets de la peste sur les corps animaux, et en particulier sur l'homme. Depuis le malade à peine atteint des premiers germes du mal, jusqu'au cadavre putréfié dont la dent des bêtes a dévoilé les entrailles livides, il conduit par une gradation d'horreurs qui font frissonner, et l'impression est d'autant plus profonde, que l'auteur a su parler au cœur, en retraçant dans ces tableaux les effets moraux de la maladie dont il faisait l'histoire animée. Ces représentations ont une vérité si déchirante, qu'on ne les a point laissées avec les autres préparations anatomiques exposées à la vue des curieux. Placées dans un cabinet à part, elles ne sont montrées qu'aux personnes assez sûres de leur sensibilité pour ne craindre aucun accident. Plus d'une fois des attaques de nerfs ont puni une curiosité trop présomptueuse.

De Florence à Pérouse, la route n'offre rien de fort remarquable. On traverse plusieurs petites villes ou bourgs d'un aspect assez riant et dont les rues, pavées de larges pierres selon l'usage toscan, ont une propreté qu'il faut regretter quand on entre dans l'état romain.

En général, les voyageurs à pied ne sont pas l'objet de beaucoup de prévenances; il faut que les aubergistes aient reconnu à certaines marques qui ne trompent pas, qu'ils ont affaire à des gens honnêtes, pour leur ouvrir des chambres décentes et les servir avec quelques égards. Messieurs les aubergistes ont leurs raisons que j'approuve, mais je dois dire qu'à leur prudence je préfère l'esprit d'hospitalité qui nous accueillit plusieurs fois. Nous vîmes des intérieurs de famille qui nous firent regretter de ne pouvoir nous arrêter parmi ces braves gens. Un air d'aisance, de propreté, de bonhomie, un langage pur qui ne se trouve qu'en Toscane dans les classes moins élevées de la société, une aimable familiarité nous firent plus d'une fois oublier la fatigue et prolonger la veillée; au bout d'une demi-heure nous étions de la famille.

On ne saurait croire combien est brusque le passage de la Toscane aux états romains. La colonne de pierre aux deux écussons papal et ducal, divise à la fois le territoire, le langage, les mœurs. A Cortone, on entend encore dans les rues, sur le marché, dans les écuries la langue du Tasse; quelques pas plus loin, à la Magione, on ne comprend plus rien au patois barbare; ici les manières sont polies, là elles ont quelque chose de sauvage comme les montagnes où l'on se trouve jeté tout à coup; en deçà des confins, on est encore dans la civilisation, au-delà c'est la barbarie. Cette différence, si marquée entre des peuples limitrophes, se retrouve dans toute l'Italie, et non-seulement les états différens présentent ce phénomène, nous l'avons observé très saillant aux limites des territoires de certaines villes. De Venise à Gênes, c'est-à-dire dans un espace de deux cent quatre-vingts milles environ, nous avons trouvé six peuples différens qui ne se comprennent pas entre eux. La politique et la géographie les divisent en Lombards et Génois; mais ils sont réellement Padouans, Brescians, Bergamasques, Milanais, etc. Les personnes un peu instruites, les bons artisans parlent bien ou mal l'italien, mais le peuple a le patois de sa ville, et en bon citoyen, hait le plus souvent les habitans de la cité voisine. L'ancienne division de l'Italie en petits états indépendans, rivaux entre eux et presque toujours ennemis, rend raison de cette individualité qu'ont conservée les populations réunies ensuite sous un même sceptre. Il faudrait un temps très long et un système fort et constamment suivi pour éteindre cet esprit de cité et le convertir en un esprit national. Napoléon l'avait tenté dans son *royaume d'Italie;* là comme partout il allait au but en brisant tout obstacle, et cependant il n'a rien gagné sur ces esprits attachés à leurs traditions.

En passant à Cortone, nous aurions aimé à visiter l'église où repose sainte Marguerite. Pauvres voyageurs sur la terre et toujours exposés à offenser le Seigneur, on aime à voir consacrés sur les autels les modèles de la pénitence. Victime de l'amour, puis du libertinage, Marguerite fut ramenée dans la voie droite d'une manière bien frappante. Syrène enchanteresse, elle régnait sur les cœurs : ses grâces, son esprit, l'ardeur de son âme faisaient autant d'esclaves de ceux qui la voyaient. Un jeune seigneur qu'elle avait distingué dans la foule de ses admirateurs, allait glorieux d'une telle conquête et s'appelait heureux. Un jour, l'heure accoutumée se passe sans qu'il retourne au palais. Marguerite s'étonne, s'effraye; elle ressent tour à tour les inquiétudes les plus vives, et les atteintes les plus poignantes de la jalousie. Quelque disgrâce l'a-t-il éloigné, ou plutôt infidèle, a-t-il été offrir ses vœux à une autre? L'infortunée trame déjà dans son cœur la punition de ses passions coupables, mais d'autres coups lui sont réservés. Après plusieurs jours d'angoisses, elle voit pénétrer dans son appartement un lévrier favori qui jamais n'abandonnait son maître. La pauvre bête, maigre, l'œil morne, poussait de petits hurlemens plaintifs, léchait la main de Marguerite et, mordant doucement sa robe, semblait vouloir se faire suivre. Dieu! quel funeste pressentiment; une horrible pensée qu'elle voudrait éloigner lui pèse sur le cœur et l'oppresse..... Oh! qu'il soit infidèle, mais qu'il vive!.... Elle suit à regret le lévrier, mais elle ne peut s'empêcher de le suivre; la voilà dans un bois peu distant de la ville : dans l'endroit le plus écarté gît un monceau de branchages fanés, mais récemment détachés de leur tronc, le chien se couche auprès en redoublant ses cris lugubres. Que fera-t-elle? Ses yeux se remplissent de larmes et tout à coup se dessèchent et se fixent, une force irrésistible courbe son corps, sa main écarte le feuillage... c'est son amant assassiné et déjà la proie des vers!....

Quelque temps après, on voit dans la ville une femme jeune et belle couverte d'un sac de pénitence, et mendiant un pain qu'en pleurant elle se dit indigne de manger : rien d'abject, de dur, de rebutant qui effraie la fervente pénitente ; ses austérités forcent à la compassion ceux même qui avaient le plus blâmé sa somptueuse délicatesse, et portent le remords jusques dans le cœur de ceux qu'elle avait séduits. Bientôt elle se rend à Cortone, peut-être pour éviter les dangers que lui préparait une fausse pitié ; et là pendant trente années elle donne le grand spectacle d'une pénitence qui ne se dément jamais; désolée de se voir belle encore malgré tant de jeûnes, de veilles, de macérations, elle aurait exercé sur elle-même des cruautés inouïes si son guide prudent n'avait prévenu un zèle indiscret. Sa vertu jeta un si grand éclat que plus d'une fois sa voix rétablit la paix dans la ville en tumulte. Elle repose maintenant dans ces murs qu'a illustrés son étonnante vertu.

Nous avions donc grande envie de faire une petite prière au tombeau de la pénitente; mais, ami lecteur, le moyen de penser même à la dévotion quand on marche en compagnie avec trois ou quatre cents bêtes grognantes? A Cortone, se tenait la foire aux porcs, et par milliers ces sales animaux se pressaient sur les places, dans les rues, dans les cours, partout, et quelle musique! Nous eûmes assez de peine à traverser la ville sans songer à nous arrêter.

Pérouse est certainement une des villes les plus anciennes de l'Italie, et les découvertes qu'on fait fréquemment dans son territoire témoignent de son antique splendeur. Maintenant encore elle tient son rang dans l'état pontifical, mais en second ordre. En voyant l'élégance de ses palais, la beauté de quelques rues, l'aisance des familles et l'activité des esprits, je me suis demandé comment Pérouse a toujours été rangée au-dessous de Spolette qui ne peut en aucune manière lui être comparée. Voici quelle est mon idée, qu'on adoptera si l'on veut. Quand, sur la fin du sixième siècle, les Lombards envahirent l'Italie, qu'à la réserve de quelques places ils enlevèrent toute aux faibles empereurs de Constantinople, ils y établirent le gouvernement des fiefs, dont probablement ils avaient apporté l'usage de la Germanie leur originaire patrie. Dès qu'une portion de territoire était conquise, le roi en formait un duché relevant du trône et en revêtait quelqu'un de ses officiers, capable de conserver et d'étendre la conquête. Pérouse, ville étrusque et toujours considérable sous les Romains, défendue par sa position et probablement aussi par une bonne garnison, aura résisté quelque temps aux généraux Lombards. Le pays circonvoisin cependant était conquis, le duché fut établi, et le duc impatient de fixer ses droits, mit sa capitale à Spolette, ville aussi fort ancienne, et qui, située au point où finit la vallée de l'Ombrie, devint très importante à cause du passage des montagnes dont elle est la clef. Pérouse conquise ensuite, resta naturellement soumise à la capitale. Douze siècles auraient dû l'habituer à cette petite humiliation qu'ont consacrée tant de gouvernemens divers, et qu'en vain de temps en temps elle a voulu secouer. Mais si l'on en croit l'histoire, les Pérugins ont toujours été assez peu soumis et fort amis des changemens : ils en firent un terrible dans le moyen-âge. Chez eux comme dans toutes les aristocraties italiennes, la noblesse était extrêmement tyrannique. Le peuple un beau jour s'impatienta de tant de vexations et voulut en finir. La conspiration s'ourdit dans le silence, c'est parmi les campagnards que les conjurés cherchent des appuis. Une fête fameuse dans le Pérugin appelait dans la ville tous les habitans des alentours; c'était pour voir une procession où chaque collége ou corporation assistait sous sa bannière. Les nobles ouvraient la marche sans armes, et en habits de pénitence. à peine leur bannière est-elle engagée dans une rue escarpée et étroite qu'un cri s'élève : Mort aux tyrans! Et tout le peuple armé de longs poignards massacre sans pitié cette foule désarmée. Dans le premier élan, on vole au palais où étaient demeurés les enfans et les femmes, on se livre à mille excès, on pille, on tue tous les mâles pour détruire la race détestée. A peine quelques familles, dont les membres étaient hors de la ville, survécurent-elles à cette boucherie, où le sang, disent les chroniqueurs, coulait comme l'eau dans la rue qui en a conservé le nom peu relevé de *pisciarella*. Il fut alors décidé que le collége des nobles ne serait jamais rétabli et que le premier rang appartiendrait au collége du commerce. Peu de temps avant la dernière invasion des Français la procession se faisait encore : tous les corps y assistaient avec les costumes du moyen-âge; et les nobles nouveaux qui depuis deux ou trois siècles s'étaient peu à peu établis à Pérouse, marchaient incorporés au collége *des Marches* qu'ils composaient *exclusivement*. Car les révolutionnaires de tous les temps ont beau faire, ils ne peuvent empêcher les choses d'être ce que Dieu les a faites; et il est dans la nature de l'homme que, dans toute société, il y ait un corps qui s'élève au-dessus des autres qu'il protége, et dont il est comme le cœur. Quand dans un état on bouleverse cet ordre naturel, tous les liens se rompent, et que d'agitations avant qu'ils soient renoués ou qu'il s'en forme de nouveaux!

La Pérouse moderne ne le cède en rien à l'ancienne. Jules II fut obligé d'y bâtir une forteresse pour tenir la ville en respect plutôt que pour la défendre ; sous la république elle fut une des premières à se révolter, et maintenant elle est un des foyers les plus actifs du libéralisme dans les états du pape. L'académie y attire un assez grand nombre de jeunes gens qui, pour la plupart, s'y gâtent, car les mœurs sont loin d'y être bonnes. Quel dommage de voir se convertir en raisonneurs politiques, souvent bien ridicules, des hommes dont le cœur devrait brûler de l'amour des arts qu'ils viennent étudier! Quelle âme d'artiste peut rester froide quand elle vit au milieu de la multitude de chefs-d'œuvre dont Pérouse est remplie? L'admirable, l'immortel Pierre Pérugin y a multiplié les merveilles de son pinceau, et nous ne pouvions nous rassasier de contempler ces peintures surhumaines; comme ces grands hommes comprenaient le beau! Certes, ce ne sont pas des incrédules qui s'élèvent à cette hauteur! Les incrédules donneront des contours réguliers à leurs figures, mais qu'ils jettent une pensée immortelle sur la toile, je les en défie. Voyez ce qu'ils ont fait quand ils ont voulu peindre des vierges! de jolies filles un peu modestes.... Eh comment, sous leur pinceau, pourraient naître ces vierges célestes? comment pourraient-ils sur un front pudique faire jaillir une étincelle divine ? comment pourraient-ils faire dire à celui qui regarde : « C'est une femme, mais c'est la mère de Dieu! » Il ne suffit pas de savoir peindre, il faut que toute l'âme, tout l'être du peintre se précipite sur la toile, et si, dans ses méditations, il n'a pas contemplé la beauté incréée, que produira-t-il? des œuvres mortes! on le voit bien chaque jour.

Nous eûmes le bonheur, si rare pour des voyageurs, de tout visiter avec ordre. Le savant signor ***, à qui nous étions recommandés, nous servit de guide avec une complaisance infinie. Homme âgé déjà et tout de l'autre siècle, il s'étonne de voir que les choses ont changé d'aspect, vante *son t mps*, et se dépite contre le présent. Si quelquefois il nous faisait rire quand, à tout propos, il rappelait dans le discours *i nostri antichi* (nos anciens), ou quand, dans sa verve descriptive, il traçait sur son chapeau le plan de l'antique Pérouse, toujours nous étions obligés d'admirer la noblesse de ses sentimens, son dévouement, son amour sincère pour la vérité. Trois choses partagent son cœur : Dieu, sa femme et son pays ; heureux d'habiter une ville antique! « Concevez mon bonheur, disait-il ; ma maison est bâtie sur un reste de mur étrusque !!! » C'est là un de ces bonheurs que je conçois fort peu ; mais je trouve vraiment heureux l'homme qui, dépouillé de ses passions et uni à Dieu, place innocemment sa joie dans les objets de ses plus chères études.

Nous fûmes témoins à Péronse d'une de ces scènes qui méritent d'être racontées jusqu'à la fin du monde. Nous attendions qu'on servît le dîner, et appuyés sur la fenêtre, nous parlions de ce que nous avions vu et de ce qui nous restait à voir, quand voici venir grand train une calèche de voyage : deux jeunes Anglais en descendent et entrent dans l'hôtel. Après quelques minutes, l'un d'eux sort, son *Guide du Voyageur* à la main. Cependant on changeait les chevaux ; au bout d'une demi-heure environ, celui qui était resté à l'hôtel remonte dans la calèche, donnant des signes d'impatience, et attend son ami, qui bientôt le rejoint en disant : « Par« donnez-moi, mon cher, je vous ai fait at« tendre, mais Pérouse est une ville curieuse, « et, *puisque j'y étais, j'ai voulu tout voir !* » Cela dit, le postillon fait claquer son fouet, et l'on part. Bon Dieu ! et ces hommes-là croient voyager! et ils ont l'impudence de parler des villes qu'ils ont *vues!* et ils osent juger, blâmer, fronder, corriger; et si vous les entendez dans les salons, avec quel à-plomb ils vous débitent un monde de lieux-communs rebattus; farcis de préjugés, ils ont leur opinion faite d'avance, et leur prétendu voyage ne sert qu'à épaissir davantage le brouillard dans lequel ils vivent. Heureux encore si, de retour chez eux, ils ne font pas gémir et la presse, et le bon sens, et le lecteur!

SAINT FRANÇOIS D'ASSISE.

ÉMILE.

Mes amis, saluons la terre des saints!

ARMAND.

Voilà l'enthousiasme! Où est ma harpe, afin que mes accords animent en vous l'esprit prophétique? Voyez ses yeux comme ils brillent?

ÉMILE.

Fou! taisez-vous : considérez toutes ces petites villes de l'Ombrie, il n'en est pas une qui n'ait produit quelque saint, et maintenant encore, c'est le meilleur pays de l'Italie.

FÉLIX.

Et d'où vient cette richesse de sainteté?

ÉMILE.

Si Armand avait sa harpe prophétique, je pourrais peut-être vous le dire, faisant une percée dans les desseins de Dieu. Réduit à l'état d'homme ordinaire, je me contente d'une douce croyance, c'est que saint François protége du haut du ciel cette terre qu'il a foulée.

FÉLIX.

Saint François a-t-il long-temps demeuré dans l'Ombrie?

ÉMILE.

Il y est né. Assise que vous voyez devant

vous, et vers lequel je vous dirige, le regarde avec raison comme le plus illustre de ses enfans. Il a habité plusieurs lieux de la plaine : en particulier il chérissait Rivo-Torto, dont vous voyez les bâtimens là-bas sur la droite. C'est à présent un assez beau couvent de cordeliers, alors c'était une masure. On a eu soin de conserver la cabane où il établit, avec ses douze disciples, son ordre, si prodigieusement accru ; elle est au milieu de l'église, dont les voûtes lui font comme un dôme. Nous y verrons une pierre sur laquelle le saint prenait son court sommeil.

ARMAND.

Ah! nous y voilà! Les reliques! Est-il si difficile aux religieux de prendre une pierre quelconque et de dire : « Là dormait notre « fondateur? »

ÉMILE.

C'est si peu difficile que plus d'une fois on l'a fait; mais qu'en voulez-vous conclure? comme les protestans, qu'il faut rejeter le culte des reliques? Ce serait fort mal raisonner; la seule conséquence à tirer est de se tenir en garde contre une aveugle crédulité. Quand on me montre quelque meuble qu'on me dit avoir appartenu à un saint, ou quelque lieu qui passe pour avoir été signalé par sa présence ou ses miracles, je n'y refuse jamais ma croyance : ce sont là des faits, et comme tels du domaine de la critique. Si je n'ai pas le temps d'examiner, j'en crois les gens sur parole; car il faut être méchant soi-même pour aller sans fondement accuser de mensonge des hommes dont le genre de vie devrait plutôt établir une présomption en leur faveur. Je leur sais même bon gré d'avoir réveillé en moi quelque pieux souvenir : seulement, je me garde bien de me rendre garant de ce qu'on m'a dit, et de le donner à mon tour comme vrai : je me tais; si j'ai le temps et les moyens, je discute les faits, et, une fois sûr de leur authenticité, je les raconterais devant tous les esprits forts du monde, et s'ils riaient de leur vilain rire d'incrédulité et de mépris, je hausserais les épaules.

FÉLIX.

Si vous voulez qu'un voyageur aille feuilleter des in-folio à chaque châsse de saint qu'il trouve, les voyages seront longs!

ÉMILE.

Et souvent on les fait trop courts! Aussi, comment les fait-on? Mais le travail n'est pas aussi pénible que vous pensez: une bonne partie de la besogne est faite, et je suis content qu'en citant les châsses des saints vous m'ayez obligé à développer ma pensée davantage. L'examen n'est nécessaire et licite que par rapport aux objets sur lesquels l'autorité ecclésiastique n'a pas décidé; quant aux reliques, proprement dites, c'est-à-dire aux corps des saints exposés à la vénération publique d'autres que moi ont examiné; elles ont été authentiquées par ceux qui ont mission pour cela, et, simple enfant de l'Eglise, je les honore en toute confiance. Les supérieurs ne procèdent en cette matière qu'avec une grande circonspection, et il n'y a qu'une insigne mauvaise foi qui puisse accuser l'Eglise catholique d'une facilité crédule et dangereuse.

FÉLIX.

Et puis, où serait le mal si on se trompait?

Les prières, l'encens, les honneurs ne s'adressent pas aux membres desséchés (bien que ce soient les restes respectables d'un temple de l'Esprit-Saint, et qu'un jour ils doivent ressusciter glorieux), mais à l'âme qui les a vivifiés, et qui règne dans le ciel ; si, après avoir prié devant la châsse d'un saint, on venait me dire qu'elle renferme des ossemens communs, je ne regretterais pas mes oraisons plus que je ne le fais quand j'ai prié devant une image qui ne ressemble pas à l'original.

ARMAND.

La doctrine est bonne : le mal est que bien des ignorans matérialisent ce culte qui, présenté comme vous le faites, est fort raisonnable et fort beau.

ÉMILE.

Il y a des ignorans et c'est un grand mal ; nous devons tous désirer que la science catholique se répande ; la religion ne craint pas le grand jour, au contraire, plus elle est connue, plus elle prend un ascendant invincible. Quant aux bonnes gens dont vous parlez, ils sont fort matériels, j'en conviens; mais, au fond, il n'en résulte pas pour eux des conséquences fâcheuses, et j'aimerai toujours mieux voir un jeune homme s'attacher à une image de la Sainte-Vierge qu'au portrait d'une maîtresse. Si l'Eglise catholique a jeté dans son culte une foule d'objets sensibles, c'est qu'elle sait que beaucoup ont besoin d'être pris par les sens : réduisez-les à une dévotion toute spirituelle, et dans peu vous verrez quelles seront leurs divinités, leur cœur saura bien les trouver.

ARMAND.

En somme, mon cher ami, pour en revenir à nos moutons, vous prenez sous votre protection toutes les reliques de l'Ombrie, grandes et petites?

ÉMILE.

En somme, quand je vous ferai voir quelque chose, et que je vous dirai positivement : ceci a appartenu au saint, lui a servi, a eu avec lui quelque rapport, vous pourrez m'en croire, parce que j'appuie ma croyance sur des motifs certains. N'oubliez pas que j'ai passé plusieurs mois dans cette contrée, ne négligeant aucune occasion de m'instruire.

ARMAND.

Vous saurez donc me dire quel est ce beau dôme qui s'élève dans la plaine en avant de Rivo-Torto?

ÉMILE.

Sans doute ; c'est l'église de Notre-Dame-des-Anges.

ARMAND.

Elle paraît bien belle, nous n'en sommes pas loin : si nous y allions?

ÉMILE.

Point du tout, petit curieux ; vous la verrez une autre fois : aujourd'hui il s'agit de la ville d'Assise. Voyez, maintenant que nous approchons, comme elle se dessine bien sur la montagne à qui elle forme à mi-côte une ceinture de maisons. Elle paraît grande et ne l'est point; fort longue, elle n'a pas de largeur. Cet immense bâtiment aux murailles élevées, aux arcs hardis, aux galeries élégantes, dont la masse occupe à peu près le sixième de la longueur de la ville, c'est le couvent de saint François, magnifique ouvrage élevé à la gloire du saint peu de temps après sa mort, par le pape Grégoire IX, qui l'avait connu et avait admiré ses étonnantes vertus. Terminé vers 1230, le couvent, après deux siècles, menaçait ruine. La hauteur excessive de sa face occidentale occasionait un poids trop fort, augmenté encore par l'inclinaison du terrain qui fait graviter vers cette partie toute la bâtisse ; les murs paraissaient hors de leur à-plomb. On éleva cet énorme éperon dont vous voyez l'angle, et qui fait ressembler cette portion du couvent à un bastion inexpugnable. Ce fut Sixte IV qui, en 1485 environ, fit cette dépense pour les religieux de l'ordre desquels, avant d'être cardinal, il avait fait partie lui-même.

FÉLIX.

Pourquoi aussi aller jeter une telle masse

de pierres sur la chute très rapide d'une montagne? N'était-il pas bien plus simple de la mettre à l'endroit où la pente à peine sensible permettait d'équilibrer plus à l'aise tant de forces? La dépense était moindre, et l'édifice alors était au centre de la ville, dont il semble un ouvrage avancé.

ÉMILE.

Vous devez savoir qu'au temps de saint François la ville ne s'avançait pas jusqu'à cette extrémité où la montagne est en effet très rapide. Vous voyez d'ici deux tours carrées de médiocre hauteur, qui, encore à présent, servent de portes : c'étaient là les limites de la cité. L'espace occupé par le couvent était alors en horreur à tous; on l'appelait *Colle d'Inferno* (colline infernale), parce que là était planté le gibet. Souvent, pendant sa vie, François avait exprimé le désir que son corps fût jeté là parmi les cadavres des condamnés, disant avoir plus qu'eux tous mérité la honte et la douleur du supplice. Quand Grégoire IX voulut fonder l'église et le couvent, on pensa à remplir la volonté du saint. Il repose où il désirait; mais le vœu de son humilité a tourné à sa plus grande gloire.

ARMAND.

Quels immenses travaux pour les seuls préparatifs!

ÉMILE.

L'idée effraie. Vous verrez dans l'intérieur avec quelle force les voûtes inférieures contrastent entre elles. Plus d'une fois j'ai parcouru ces souterrains: on croit se trouver dans une ville de géans. Ce n'est pas sans étonnement qu'après avoir descendu bien des marches, et suivi long-temps de ténébreuses routes, vous vous trouvez de niveau avec le terrain et à quelque centaine de pieds encore au-dessus de la plaine.

ARMAND.

A l'intérieur, le couvent ne doit pas être fort élevé.

ÉMILE.

Non; au point central, c'est à dire dans le

grand cloître, c'est la hauteur d'une maison à deux étages; mais vingt pas plus loin, les arcs s'élèvent les uns au-dessus des autres pour établir le niveau, et d'immenses piliers s'enfoncent et vont s'appuyer sur la roche vive. En passant dans une petite tour carrée qui descend aux caves, on se croit dans un puits, tant les murailles sont démesurées.

ARMAND.

Le pape Grégoire IX a fait là une jolie dépense !

EMILE.

Il est vrai ; mais les papes n'ont jamais calculé quand il s'est agi de faire de grandes choses. On en a vu plus d'un réduire sa maison et ses dépenses personnelles pour conduire à leur terme ses entreprises hardies. La bienfaisance pontificale s'est étendue partout. Hospices fondés avec magnificence, routes ouvertes au commerce, ponts élevés de toute part à grands frais, fontaines préparées sur les routes pour le besoin des voyageurs.....

ARMAND.

Bravo! depuis quelques momens ce diable de soleil me fait sentir de quel prix est cette œuvre des papes. Si j'étais en voiture, je ne saurais pas apprécier tout ce qu'une telle prévoyance a d'humain, de paternel. J'ai une soif!

EMILE.

Je ne sais si vous parlez sérieusement; mais il est certain que c'est là le vrai caractère de la charité; elle prévoit les besoins, sait compatir aux peines qu'elle n'a jamais éprouvées, devine les maux de ses frères, et non contente de les soulager, cherche à les prévenir. Sous ce rapport, les papes ont toujours allié la munificence du souverain à l'active charité du pontife. Ne croyez pas au reste que le trésor du Saint-Père ait supporté tous les frais de cette immense bâtisse. Lorsqu'au milieu des peuples corrompus on vit surgir ces hommes nouveaux, disciples intrépides du Crucifié, dont ils suivaient à la lettre les préceptes les plus difficiles, le monde se réveilla. La pauvreté préférée aux richesses, l'abjection, la pénitence embrassées publiquement par des hommes faits pour les honneurs et les délicatesses du siècle, donnaient un démenti trop formel aux maximes mondaines : il fallut les admirer, et dans un temps de foi, l'admiration c'est l'enthousiasme ! Saint François vivait encore, et le mouvement était déjà donné: les villes se dépeuplaient pour suivre l'homme de Dieu; on jetait à ses pieds des fortunes considérables, on demandait à genoux d'être revêtu d'un sac et de porter la croix à sa suite. A sa mort, ce fut un deuil : je me trompe, ce fut un triomphe universel; on ne parlait que de François, et l'on voulait au moins contempler quelques traits de ses vertus dans ceux qu'il avait formés à la pratique de l'Evangile. De toute part s'élevaient des couvens, de toute part on arborait sous des chefs si vaillans l'étendard de la pénitence. Jugez quel fut le transport quand on sut qu'à la mémoire du saint patriarche allait s'élever un monument digne de sa gloire ! Chacun y voulut contribuer, et la piété des fidèles fut pour beaucoup dans cette œuvre magnifique.

FÉLIX.

On raconte la même chose à Padoue de l'église de Saint-Antoine.

ÉMILE.

Et très certainement avec le même fondement. Dès qu'un homme a su par son génie ou par sa sainteté, qui est le plus sublime degré du génie, enflammer les autres hommes, il n'est rien que ne produise son influence. Quand saint François, caché avec douze compagnons sous la pauvre hutte de Rivo-Torto, pensait jeter dans la société une société nouvelle, contraire en tout aux opinions reçues, destituée de moyens, fondée sur le manque de toutes choses, qui n'aurait dit : c'est un fou, un enthousiaste ! Et cependant, en peu d'années, ses enfans se comptaient par milliers, et après six siècles, malgré les tempêtes qui les ont battus, ils subsistent encore, et plusieurs sont loin d'être des fils dégénérés ; tant est féconde l'œuvre d'un homme, quand l'esprit de Dieu repose au fond de sa pensée.

— Deo gratias ! signor Emile !

ÉMILE.

Oh! Padre Angelo, êtes-vous à Assise maintenant?

P. ANGELO.

Cela n'aurait rien d'étonnant; vous savez que nous sommes à la disposition des supérieurs qui nous envoient où l'exigent les besoins de la religion. Aujourd'hui dans un lieu, demain dans un autre, peu nous importe, puisque partout la porte est ouverte qui mène à la demeure éternelle, à cette patrie de la gloire où nous verrons terminées nos peines et couronnés nos faibles travaux! Je me trouve à Assise pour arranger quelques affaires; puis je retourne dans la Sabine, où je suis gardien d'un petit couvent (1).

ÉMILE.

C'est ma bonne étoile qui m'a fait vous ren

---

(1) Dans tout l'ordre de Saint-François, on appelle *gardien* le supérieur d'un couvent. L'humilité franciscaine ne permet pas de s'arroger des titres de supériorité.

contrer. Mes amis, il faut que je vous présente à la fleur des capucins d'Italie.....

P. ANGELO.

La fleur se fane ! la neige l'a déjà blanchie; elle va sous peu devenir un peu de fumier ! Ma barbe ne compte plus guère de poils noirs; quand je la vois ondoyer sur ma poitrine, je ne puis oublier que bientôt le vent qui la fait voltiger, va dissiper cette fumée qui s'appelle ma vie, et j'attends en paix ce que la miséricorde de Jésus-Christ me prépare.

ARMAND.

Il y a long-temps que monsieur est religieux?

P. ANGELO.

Cinquante années bien comptées. J'ai fait profession en France quand on n'y était pas libre encore. Alors que la liberté vint rendre leurs droits à tous les hommes, elle m'ôta celui de vivre dans l'état que je m'étais choisi : j'ai dû fuir. Persécuté jusqu'en Italie par cette terrible liberté, je me suis caché dans les

Abruzzes, où les *peuples esclaves* ont si bien su profiter de l'avantage du terrain, que jamais des couleurs étrangères n'y furent arborées. Là, sans quitter mon habit, j'ai vécu tranquille jusqu'à la paix, et alors je suis venu me fixer dans cette province toute pleine des souvenirs de saint François.

FÉLIX.

Combien heureux est votre sort, mon père ! Que de paix doit laisser dans votre âme le souvenir de toute une vie consacrée aux bonnes œuvres ! Oh oui, vous êtes bien heureux !

P. ANGELO.

Je suis loin d'avoir atteint la perfection de mon état ; cependant, quelque indigne que je sois, Dieu ne laisse pas de me donner de bien douces espérances. Les croix ont été quelquefois bien rudes à porter..... elles me portent aujourd'hui.

ARMAND.

Mais comment, avec votre genre de vie

qu'on dit si austère, avez-vous conservé une si belle santé et tant de vigueur à 70 ans?

P. ANGELO.

On a peur des mortifications, on a tort : il faut en essayer. Dieu ne veut pas tout le monde dans cette voie, et quand la santé souffre, il ne faut pas s'obstiner. Quand il nous appelle aux souffrances corporelles, la nature gémit, le corps se révolte, mais on surmonte tout et on porte sa croix bien long-temps. J'espère que ces messieurs ne refuseront pas de la porter un jour en acceptant l'hospitalité sous l'humble toit du capucin.

ARMAND.

Oui, oui, révérend père, nous acceptons et de grand cœur!

ÉMILE.

Vous oubliez, étourdi, que nous avons des lettres de recommandation pour le sacré couvent!

ARMAND.

Bon! nous les porterons en faisant visite de

politesse! Capucins, soyons capucins..... au moins un jour.

P. ANGELO.

Deux, trois, tant que vous voudrez. Il me suffit de vous trouver avec mon cher Emile pour vous traiter en amis, si je puis sans présomption.....

FÉLIX.

Croyez, mon père, que vous nous honorez.

Emile, plus encore que ses deux compagnons, désirait accepter l'invitation de son vieil ami ; aussi ses scrupules de politesse cédèrent bientôt aux instances d'Armand, et en compagnie du P. Angelo, on se dirigea vers l'humble retraite des capucins, non sans donner un coup-d'œil au superbe portail de saint François, qu'on laissait derrière soi.

Le couvent des capucins se trouve à l'extrémité orientale de la ville, que nous dûmes par conséquent traverser toute entière. Nous fûmes étonnés de sa solitude. Les deux rues principales sont fort belles, et on n'y voit personne. Des palais très vastes sont inhabités et en état de dégradation, Assise semble porter son propre deuil. Le père Angelo nous donna quelques détails sur les familles d'une très ancienne noblesse, maintenant déchues et réduites au besoin : cela nous expliqua l'abandon des palais, à la construction desquels a, je crois, présidé un esprit d'émulation ridicule. Quelque florissante qu'ait pu être autrefois la noblesse d'Assise, les limites du territoire font assez connaître que jamais il n'a dû se trouver quatre, cinq, six maisons capables de déployer un luxe tel que l'exigeraient les habitations immenses qu'elles ont élevées. On conçoit parfaitement la pauvreté du peuple quand on voit l'esprit de fainéantise qui le domine. Comme les denrées nécessaires à la vie sont à très bon marché, si ces paresseux peuvent soutirer deux ou trois sous par leurs importunités, ils ne se soucient plus de travailler et croupissent dans l'oisiveté, le vice et la pauvreté qui en sont la suite.

Quand on est arrivé au haut d'une rue assez rapide, on voit devant soi les anciens murs de la ville, élevés et bien défendus jadis par leurs tours crénelées, maintenant çà et là à moitié détruits, ou soutenus par les vieux lierres qui en enlacent ensemble toutes les pierres. Une porte subsiste encore en face de la rue; à travers ses arcs bien conservés, on voit le flanc énorme du mont Subasio sur lequel serpente la petite route *delle Carceri*, l'une des solitudes chéries de Saint-François, où l'on a érigé un petit couvent ou plutôt un ermitage dont l'aspect seul est effrayant. Près de la porte est une petite place sur laquelle se trouvent les capucins. Comme tous les couvens de cet ordre se ressemblent à peu de différence près, au moins dans les provinces où le relâchement ne s'est pas introduit, nous satisferons une fois pour toutes à la curiosité de nos lecteurs en leur donnant une idée assez exacte de celui-ci.

Les capucins sont voués d'une manière spéciale à la pauvreté parfaite, dont ils portent l'observance jusqu'à ne vouloir jamais même toucher d'argent. Les couvens n'ont ni rentes ni terres. Le jardin fournit des fleurs à l'église et des légumes à la cuisine; le reste, c'est la charité des fidèles qui y pourvoit. On doit penser qu'un tel genre de vie ne comporte pas des demeures très somptueuses, aussi celles des capucins rappellent-elles partout le dénuement poussé aussi loin que le permettent les nécessités absolues de la vie. Le plan des maisons est tracé dans les constitutions; tout y est prévu, grandeur des cellules, largeur des fenétres, proportions des corridors, etc.; et l'on a vu des Provinciaux (1) faire démolir des bâtimens où ces règles d'une sévère pauvreté avaient fait place à des combinaisons plus élégantes et plus commodes.

Autant que possible, les couvens doivent être hors des villes ou villages, assez voisins cependant pour que les relations de services réciproques ne soient pas trop difficiles. Nous trouvâmes d'abord un portique très humble fermé par des grilles de bois. Une porte s'ouvre dans le couvent, une autre donne entrée dans l'Eglise. A l'une des extrémités de cet *atrium* sont des tables et des bancs : c'est ce qu'on appelle réfectoire des pauvres. Le frère portier y fait chaque jour

---

(1) Supérieurs d'une *province*. Le général de l'ordre réside tour à tour à Rome ou en Espagne. Sous lui les *provinciaux* gouvernent chacun une partie de l'ordre subdivisée en Custodiats qui comprennent chacun un plus ou moins grand nombre de couvens.

participer les nécessiteux au repas dont la Providence a pourvu les religieux. La charité des capucins est passée en proverbe dans le peuple.

Au coup de sonnette du Père Angelo, un vieux Frère lai à la barbe grise, vint nous ouvrir : son habillement ne le distinguait en rien du révérend Père. Le général et le dernier lai sont vêtus absolument de la même manière : une robe avec un capuchon pointu de drap brun très grossier et qui doit durer quatre ans, un manteau ou plutôt une espèce de long collet de même étoffe et qui ne se renouvelle qu'au bout de sept années, des sandales de cuir, une grosse corde autour des reins. Les vieillards et les malades peuvent l'hiver porter des bas, mais cette exception est rare, presque tous ont toujours les pieds et les jambes nus. J'ai vu plus d'une fois dans les temps rigoureux, des capucins avoir les talons fendus par le froid et laisser sur la neige des traces ensanglantées ; d'autres ont les jambes coupées jusqu'au vif par le bord de la robe déjà pesante par elle-même et que le froid a garnie de petits glaçons. La seule distinction entre les Pères et les Frères consiste dans la large tonsure que ne portent pas les derniers, dont les cheveux sont seulement taillés fort courts.

Nous étions partis de bonne heure de Pérouse, onze milles se font lestement, aussi quand nous arrivâmes, il y avait encore quelque temps pour le dîner, dont les heures varient suivant les jeûnes plus ou moins sévères, sans trop s'écarter pourtant du milieu du jour. Le Père Angelo nous conduisit de suite à la cellule du Père gardien, qui nous reçut avec cordialité et bonne grâce. C'est une chose fort remarquable que dans toutes les communautés ferventes on trouve les formes de la politesse la plus délicate, débarrassée, bien entendu, des singeries affectées dont le monde la défigure : on pourrait s'en étonner en considérant que pour la plupart les religieux n'ont reçu d'autre éducation que celle de leur noviciat, si d'ailleurs on ne savait qu'un véritable esprit de charité ennoblit tous les sentimens, et place l'homme si haut que pour lui toutes ces formes de convention dont le monde avec effort s'étudie à masquer sa fausseté et sa malice, deviennent l'expression naturelle et facile d'une pensée de bienveillance habituelle. L'homme charitable saisit toutes les occasions de se sacrifier soi-même au bien-être d'autrui. L'homme poli se sacrifie souvent, mais à regret, aussi supplée-t-il par la multiplicité et la grâce des manières, à ce qui lui manque du côté du cœur.

Il fallut nous asseoir sur le lit du très révérend Père, car un capucin n'a dans sa chambre qu'un escabeau à son usage et un très petit banc pour les étrangers. La cellule est d'une dimension fort étroite, avec une fenêtre d'environ un pied et demi en carré; au lieu de verre ils emploient une toile bien tendue et cirée avec soin, qui laisse passer le jour, garantit suffisamment des intempéries de l'air et dure fort long-temps, point essentiel chez les pauvres : une table garnie de tiroirs non fermés, une petite bibliothèque, un prie-dieu et quelques images forment l'ameublement. Le lit n'est qu'une paillasse fort dure garnie d'une couverture sans draps, où les religieux, se levant chaque nuit pour chanter matines, couchent tout habillés.

LE PÈRE GARDIEN.

C'est un étrange sopha, messieurs; du moins pour vous il aura le mérite de la nouveauté.

FÉLIX.

Je vous assure, mon père, que volontiers j'en ferais une habitude.

ARMAND.

Vous en êtes bien le maître! Je suis sûr que le Père gardien est tout prêt à vous donner l'habit de novice.

LE PÈRE GARDIEN.

Pas autant que vous croyez, monsieur. Je ne doute nullement de l'honneur que ferait à l'habit la profession de votre ami, si Dieu l'appelait parmi nous; mais c'est là le point fort délicat et quelquefois difficile à décider. Beaucoup, surtout chez nous, se croient la vocation à l'état religieux, qui ne sont poussés que par l'imagination, par quelques dégoûts éprouvés dans le siècle, ou par des motifs moins nobles encore. Malheur à eux, malheur à l'ordre si une imprudente confiance les admet à prononcer des vœux irrévocables! Bientôt la chaîne leur pèse, et ne pouvant la secouer, ils cherchent à l'alléger par le mépris de toutes les règles. De là les divisions, les querelles, les scandales. Nos constitutions ont prévu autant que possible ce malheur en nous prescrivant une grande circonspection dans le choix des sujets. Avant même d'admettre monsieur au noviciat, je le ferais passer par bien des épreuves.

EMILE.

Le courage ne lui manquerait pas : mais je crois qu'il lui conviendrait mieux d'entrer parmi les *conventuels* (1).

FÉLIX.

Et pourquoi?

EMILE.

C'est que là, au lieu d'une étoffe grossière, vous seriez vêtu d'une laine noire, fine et légère, un cordon délicat et propret remplacerait cette grosse corde, et sans vous inquiéter des matines, vous dormiriez paisiblement

(1) On appelle Conventuels en Italie, l'ordre Franciscain qui portait en France le nom de Cordeliers.

sur un bon lit, dans votre cellule meublée à votre goût.....

FÉLIX.

Mais, que dites-vous? Les conventuels ne sont-ils pas aussi franciscains? D'où viennent ces différences? ces contradictions, plutôt!

LE PÈRE GARDIEN.

Vous m'adressez là une petite question qui m'entraînerait à vous faire toute l'histoire de l'ordre franciscain, ce qui serait un peu long. Je chercherai en peu de mots à vous donner une réponse qui vous puisse satisfaire.

Saint François avait établi son ordre sur la pratique de la pauvreté et l'amour des humiliations. Son but était de combattre l'orgueil et la sensualité, sources de tous les désordres. Un génie ardent, doué des qualités qui font les grands hommes, mais dépourvu de celles qui l'auraient rendu un digne successeur de son maître, Frère Hélie dès l'origine jeta l'ordre dans une voie nouvelle. Entouré d'une cour brillante, il régnait avec faste où François avait commandé avec humilité. Ses vues étaient élevées, son esprit insinuant et fort à la fois, son exemple séduisant, aussi trouva-t-il bien des disciples, et malgré les leçons dures et humiliantes que lui avait données le saint Fondateur, il se vit suivi d'une foule de religieux qui, zélés d'ailleurs, et d'une conduite régulière, s'éloignaient chaque jour de l'esprit humble de la règle. D'autres cependant s'élevaient contre ces nouveautés et s'obstinaient à conserver dans toute leur pureté les traditions du saint. Quelques-uns des mitigés s'étant approprié certains couvens dont ils chassèrent la pauvreté franciscaine, on leur donna, ainsi qu'à tout leur parti, le nom de Conventuels; les autres à cause de leur rigidité furent appelés Observans. Long-temps l'ordre subsista formant ainsi deux grandes familles, jusqu'à ce que le Pape les sépara tout-à-fait en deux ordres entièrement distincts. Les Conventuels eurent leurs institutions qui leur permirent de posséder, de se vêtir d'une manière moins austère, enfin d'être ce que vous les voyez.

ÉMILE.

C'est-à-dire qu'ils ont conservé le nom de Franciscains, et qu'ils ont renoncé à l'esprit de saint François. Ils ont eu des hommes remarquables en piété et en science, ils ont formé un ordre très estimable, mais difficilement je les puis regarder comme les fils du saint à qui ils ressemblent si peu.

LE PÈRE GARDIEN.

Vous tranchez là une difficulté qui a fait naître une infinité de disputes quelquefois scandaleuses, ordinairement fort aigres, et selon moi, toujours parfaitement inutiles, je vous en ferai grâce.

ARMAND.

Mais dans tout cela je ne vois pas de capucins.

LE PÈRE GARDIEN.

Attendez, les capucins vont venir. Tant que les Observans eurent à soutenir leur manière de vivre contre les innovations des Conventuels, ils se montrèrent fort religieux. Dès qu'ils furent séparés, ils commencèrent à décliner, jusqu'à ce que vers 1500, ils arrivèrent au point de ne plus *observer* du tout leur règle. Parmi les fervens qu'ils comptaient toujours quoiqu'en petit nombre, se trouva un père Matteo da Basso, qui, impatient des désordres qu'il ne pouvait ni approuver ni empêcher, prit le parti de se séparer, d'arborer l'étendard de la réforme, et d'appeler à soi ceux qui voulaient vivre comme avait vécu saint François. En peu de temps il eut un grand nombre de compagnons. Son ordre irrité le rappela; il refusa d'obéir et porta sa cause à Rome. Après bien des incidens, la réforme fut approuvée vers 1525, et pour détacher du vieux tronc une jeune branche qui promettait des fruits si nombreux de sainteté, on en fit un nouvel ordre que le peuple appela *capucins* à cause de la forme du capuchon. Les Observans piqués d'honneur, se remirent à observer leur règle, mais toujours mitigée, d'où vint qu'une quatrième famille franciscaine sortit encore de leur sein. On les appelle les *Réformés*. Ils ne forment pas un ordre entièrement distinct de leurs frères aînés, obéissant au même général; séparés dans tout le reste.

Au son d'une cloche qui se fit entendre, P. Angelo se leva pour aller au chœur; le P.

gardien voulait, par politesse, rester pour faire compagnie à ses hôtes, mais ceux-ci le supplièrent de ne rien changer à sa manière de vivre, et demandèrent la permission d'assister eux-mêmes à l'office.

Le chœur, placé derrière l'autel, comme chez tous les religieux, est entièrement fermé, et communique au sanctuaire par deux portes latérales. On n'y voit pas de stalles élégantes et commodes; chez les capucins tout est pauvre. Un double banc règne tout autour, appuyé au mur : là les religieux se peuvent asseoir à certains momens de l'office qu'ils récitent presque entier debout; ou s'appuyer quand ils sont à genoux : de petits tiroirs sont pratiqués sous le banc antérieur. Armand, par curiosité, en ouvrit un et y trouva une discipline à gros nœuds, que, sans autre façon, il mit dans sa poche; par compassion, disait-il ensuite, pour le pauvre diable qui s'en caressait habituellement les épaules. Émile, à peine arrivé au chœur, s'empara d'un gros livre, l'ouvrit en homme du métier et se mit à chanter avec les religieux. Armand et Félix, peu faits à cette manœuvre, faisaient là assez triste mine, d'autant plus que plus d'une fois la récitation nasillarde des capucins leur donna grande envie de rire. Après une demi-heure l'office prit fin, et ils allèrent faire un tour dans l'église en attendant le dîner.

« Voyez, leur dit P. Angelo, voyez comme chez nous on évite tout ce qui pourrait nous rappeler au monde : sans cesse tout nous répète que nous sommes les derniers de la société. Si sur notre autel brillaient l'or et les pierreries, notre orgueil nous pourrait persuader que chez nous le Seigneur est servi avec pompe, et que notre vertu attire tant de richesses; au lieu de cela, ces chandeliers, ce tabernacle de bois ne nous rappellent que l'obligation où nous sommes de les cirer et frotter de temps en temps; car la propreté est mise au rang de nos premières vertus. Si nous n'avions pas une attention extrême à tout nétoyer parfaitement, que deviendrions-nous, vivant comme nous le faisons au sein de la pauvreté ?

Vous avez entendu l'office : notre récitatif est loin d'être harmonieux, et c'est encore une mortification; facilement, dans un chœur où l'on chante bien, un religieux se peut glorifier de sa voix, et par cette misère perdre bien des mérites; on nous a ôté cette tentation.

ARMAND.

Fort bien! Mais n'a-t-on pas ôté aux fidèles la tentation de venir vous entendre?

PÈRE ANGELO.

L'office des religieux n'est pas fait pour le peuple. Quant au saint sacrifice de la messe, nous n'y chantons pas, il est vrai, et nous n'avons pas d'orgues; mais le peu de cérémonies qui nous sont permises, sont faites avec tant de respect et de précision que les fidèles assistent volontiers chez nous à la célébration des saints mystères. Ils savent que nous sommes voués au service de tous, que par conséquent ils trouvent toujours des confesseurs prêts à les entendre, et cette assurance les attire : et puis je dois le dire, le peuple nous aime; notre vie qui se rapproche tant de la sienne, lui inspire de la confiance, il se trouve plus à son aise chez nous que dans des églises plus somptueuses.

FÉLIX.

Qu'est-ce que j'entends?

PÈRE ANGELO.

C'est le signal du dîner.

ARMAND.

Mais de quel instrument vous servez-vous?

PÈRE ANGELO.

Venez, et vous verrez une invention à laquelle vous n'auriez jamais pensé.

En effet, cher lecteur, c'était une de ces tuiles en forme de demi-cylindre, les seules dont on fasse usage dans l'Etat romain : pendue par une ficelle, elle servait de cloche au frère cuisinier qui la battait avec un petit marteau de bois. Armand et Félix se mirent à rire et les autres leur firent compagnie, jouissant de leur surprise. Cet usage digne d'un ordre essentiellement pauvre, est répandu dans tous les couvens de capucins.

Nous mangeâmes la pitance des religieux, à laquelle l'hospitalité avait ajouté pour nous de quoi nous faire un dîner passable. La réfection des capucins se compose d'un potage d'herbes ou de pâtes dont on fait en Italie une consommation prodigieuse, et de deux plats gras ou maigres selon les temps. Quelquefois, quand la quête a été bonne, on mange assez bien; quand au contraire on ne trouve pas grand'chose dans la besace du frère quêteur, il faut se contenter de ce qu'envoie la Providence.

Trois côtés du réfectoire sont garnis de tables étroites sur lesquelles on mange adossé au mur. Le milieu de la salle reste libre pour les lais qui font le service ainsi qu'il suit. Sur des planches appelées *portoirs* on apporte d'abord autant d'écuelles de potage qu'il y a de religieux, le frère passe et chacun prend à son tour. Les deux autres plats se servent de la même manière par portions toutes faites. Chaque religieux a sa cuiller de bois, sa fourchette de fer et sa petite tasse au lieu de verre. Pendant le repas, on lit à haute voix quelque bon livre, qui passe de main en main, afin de ne pas trop fatiguer un seul lecteur et pour éviter les inconvéniens d'une seconde table. Les frères lais, assis aux dernières places, sont absolument servis comme les pères.

Il ne faut pas se figurer qu'en Italie on puisse après le dîner prendre son chapeau et aller à ses affaires. Vers deux heures, quand tout le monde a fini son repas, on ne voit personne dehors, les boutiques sont fermées, les rideaux tendus devant les fenêtres; c'est un silence général, tout le monde dort, pour se réveiller à quatre ou cinq heures. C'est alors qu'on fait sa toilette, puis on va se promener au coucher du soleil et on soupe fort tard : il est rare qu'on prenne le sommeil de la nuit avant une ou deux heures du matin. Si vous sortez pendant le temps de la méridienne, vous êtes maître de vous promener dans les rues, elles sont parfaitement libres; mais ne prétendez pas entrer dans des maisons, visiter des monumens, des églises..... partout vous trouvez des portes fermées, et derrière, des gens en chemise qui de fort mauvaise humeur vous disent : eh, c'est une heure indue! Pendant que nos hôtes dormaient donc, nous allâmes sous un petit berceau de vigne jouir d'une vue magnifique et faire quelques croquis. Emile indiqua à Armand le point de vue le plus pittoresque de l'ancienne citadelle d'Assise, qui, placée sur un piton, commande la ville du côté de la plaine et la défend du côté des montagnes. Sixte IV la fit rebâtir presque en entier en 1484 et dut la mettre dans un fort bel état, à en juger par ses ruines. Ces cours multipliées, et communiquant par des voies secrètes, ces tours isolées dans l'enceinte même du château, ces chemins pratiqués dans l'épaisseur des murs, ces escaliers étroits et quelquefois interrompus tout à coup sans qu'on puisse deviner leur destination, ces voûtes, ces salles, ces prisons vous rejettent dans le moyen-âge : on sent qu'une pareille demeure n'a pu être bâtie que dans un temps de haines, de soupçons, de trahisons, de guerres perpétuelles.

Nous ne voulions pas être à charge aux bons capucins, aussi nous refusâmes leurs offres quand ils voulurent députer l'un d'eux pour nous accompagner dans la ville. Emile la connaissait assez pour servir de guide à ses amis. En les conduisant au sacré couvent, il leur fit observer sur la place publique le portique d'un temple romain converti à présent en église : ils admirèrent ces restes d'une belle architecture, mais ils goûtèrent bien davantage l'examen qu'il leur fit faire des peintures dont sont ornées dans beaucoup d'endroits les façades des maisons. Presque toutes sont des quatorzième et quinzième siècles, et forment un sujet d'étude très curieux : il y a des morceaux de toute beauté. Les *Madonnes* surtout sont remarquables (1). La ville a conservé presque partout son caractère d'ancienneté. Les portes de la plupart des maisons sont encore voûtées en ogives ; beaucoup de fenêtres sont découpées en pierres; mais ces restes presque tous insignifians pour les arts, et qui ne pourraient avoir d'intérêt que pour l'imagination qu'ils reportent à des temps d'une poésie mystérieuse et romantique, affligent au contraire quand on s'aperçoit que la misère seule de la ville les a fait subsister. Ils sont là parce qu'on n'a pas été assez riche pour les remplacer par des habitations modernes; car où on l'a pu, on l'a fait : et quand on a dû les laisser exister et les soutenir, on les a *rapiécés* d'une manière ignoble. Ils déposent d'un temps d'ancienne prospérité, et d'une décadence déjà depuis long-temps consommée.

(1) Les habitans de l'État romain sont fort dévots à la sainte Vierge, dont souvent ils peignent une image sur leur maison, avec quelque pieuse inscription; quelquefois ils y entretiennent une lampe allumée. Il est peu de boutiques qui n'aient leur *madonnina* avec sa lampe. Sur les grandes routes on rencontre çà et là d'élégans petits oratoires dédiés à la bonne mère, dont le portrait est toujours salué avec respect par le passant italien.

L'église de Saint-François était ouverte : comme de raison nous voulûmes y faire notre première visite. Tout le monde la connaît : le tableau de M. Granet a fait admirer à Paris le bel effet de ces voûtes gothiques surbaissées, de ces jours indécis et pleins de mystère, de ces nervures massives et cependant d'un ensemble élégant.

Oh! je me reconnais ici! s'écria Armand : voilà bien le bénitier près duquel est assis le pauvre aveugle, les confessionnaux rangés près des piliers, jusqu'à la gerbe de lumière qui pénètre par les fenêtres de l'abside! Mais n'en déplaise à M. Granet, j'éprouve ici un sentiment qui l'a sans doute ému lui-même, mais que son pinceau n'a pu reproduire! Heureux les religieux qui possèdent une telle église, s'ils savent comprendre tout ce qu'elle dit au cœur. Ecoutez, écoutez, comme cette musique lointaine paraît descendre du haut des voûtes, et porter avec peine jusqu'à nous ses sons affaiblis; comme le vague de ces voix entrecoupées et de ce concert incomplet s'harmonise bien avec cette nef mystérieuse!

ÉMILE.

Jouissez-en donc pendant que nous sommes éloignés de l'orchestre : dans cette chapelle écartée l'effet est en vérité fort aimable; si nous nous approchons, à peine pourrez-vous supporter la pitoyable exécution d'une musique fort bien composée d'ailleurs. Le couvent n'est pas assez riche pour entretenir un orchestre bien monté : quelques efforts que fasse le Père***, maître de chapelle et compositeur du premier mérite, il ne peut avoir ni le nombre ni la qualité des voix nécessaires.

ARMAND.

Comment? est-ce qu'ici on chante tout en musique?

ÉMILE

Presque tout. Les matines et les heures sont, selon le degré des fêtes, récitées ou chantées en plain-chant par les religieux; mais la grand'messe et vêpres chaque jour, souvent complies, et aux grandes fêtes, matines, sont chantées par les musiciens à l'orchestre.

ARMAND.

Ma foi, vive les religieux du sacré couvent

d'Assise ! Je ne puis souffrir ce chant traînant et martelé de nos chantres de paroisse. Parce qu'ils ont des poitrines de fer, ils se croient en droit de hurler tant qu'ils veulent et de rompre les oreilles aux pauvres fidèles. Je vous avoue qu'il faut une fameuse dose de dévotion pour entendre aux grands jours ces messieurs crier pendant deux heures sans goût, sans mesure, sans pitié !

ÉMILE.

Vous faites honneur aux Conventuels d'Assise d'une délicatesse commune à tous les Italiens. Vous avez déjà pu observer que le plain-chant est banni des solennités : on le laisse aux chœurs des chanoines et des religieux, et encore aux jours ordinaires ; pour peu qu'il s'agisse d'un saint fêté, vite l'orchestre et les musiciens. Et, ce qu'on aurait peine à croire, dans des villages de deux cents ou trois cents âmes, j'ai trouvé des orgues, un orchestre, et des voix qui, je vous assure, concertaient fort bien. L'Italien a la fibre musicale trop délicate pour s'accommoder de notre chant d'église, et quoiqu'en général on sache ici le plain-chant moins bien qu'en France, ceux qui le chantent le manient avec une légèreté qui n'est pas dépourvue d'une certaine grâce.

FÉLIX.

Parbleu! il suffit que le plain-chant soit bien exécuté pour produire un effet très-noble. Je vous abandonne les chantres de profession; ce sont des barbares presque tous : mais j'ai entendu des chœurs nombreux où l'on chantait sans crier, sans traîner, avec gravité, et rien n'était touchant comme cette harmonie simple et sévère. Que le chant parte du cœur et toujours il sera beau. A certaines solennités j'ai encore entendu à Paris, dans de vastes églises, un peuple immense répéter les sacrés cantiques, et jamais, je l'avoue, je n'ai pu retenir mes larmes, tant il y avait là d'onction et de sentiment religieux.

Cette conversation conduisit les trois amis à la porte du Père**** à qui ils étaient recommandés : il fut décidé que le lendemain ils déjeûneraient dans la cellule du Révérend Père : puis qu'on ferait la visite du couvent.

L'architecture intérieure de ce bâtiment a tellement été tourmentée depuis que le premier plan a été exécuté, on a tant ajouté, retranché, modifié, qu'il est impossible, à travers tant de pièces disparates, de saisir la pensée de l'architecte. Une seule chose est certaine, c'est qu'il éleva un bâtiment immense, dont la première ordonnance dut être fort sévère. Quelques endroits qui n'ont pas été touchés décèlent un beau style qu'on aurait dû respecter. Nous ne trouvâmes de remarquable que le cloître, le réfectoire d'été, où trois cents religieux seraient à l'aise, et une promenade en forme de galerie, dont les arcs en ogive présentent une assez belle perspective. Da là on voit toute la plaine de l'Ombrie, couverte de vignes suspendues en guirlandes aux troncs des ormeaux, parsemée de maisonnettes champêtres, bien cultivée et toute entourée de hautes montagnes elle semble un jardin séparé du monde et préparé pour le bonheur de ceux qui l'habitent. Sur la même ligne qu'Assise s'élèvent en amphithéâtre les villes pittoresques de Spello et de Trévi; çà et là, dans les renfoncemens de la chaîne, d'antiques châteaux ruinés; sur un piton au milieu de la plaine Monte-Falco dont les tours se dessinent sur l'azur du ciel; au fond Spolette et sa forteresse; Pérouse à l'extrémité opposée. Quand le soleil couchant jette sa lumière purpurine sur ce vaste et charmant paysage, il offre un coup-d'œil ravissant.

Armand et Félix voulurent revoir l'église : Emile regarda le Père*** qui répondit par un sourire, et à travers un dédale d'escaliers et de corridors, les conduisit jusqu'à une porte qu'il ouvrit devant eux. On entre.

Où sommes-nous ? s'écrient-ils tous deux.

ÉMILE.

Dans l'église que vous demandiez.

ARMAND.

C'est une autre !

ÉMILE.

Non, c'est la même ; seulement vous êtes dans la nef supérieure.

ARMAND.

Comment ?

ÉMILE.

Eh sans doute ! l'église que vous admirâtes

hier est maintenant sous vos pieds. Je ne vous avais pas avertis, pour vous laisser la surprise.

FÉLIX.

Deux églises l'une sur l'autre! et toutes deux fort belles! En effet, nous l'aurions dû penser; la hauteur de la voûte inférieure ne répond pas aux murs extérieurs. Mais la porte de celle-ci reste-t-elle suspendue en l'air en guise de fenêtre?

LE PÈRE***.

Point du tout, elle s'ouvre sur un beau terre-plein soutenu par la terrasse au pied de laquelle vous avez vu le portail de l'église d'en bas.

FÉLIX.

Ma foi, c'est une merveille dont je n'avais pas encore d'idée.

LE PÈRE***.

Que direz-vous quand je vous aurai conduit à la troisième église qui est tout-à-fait souterraine ?

FÉLIX.

Je dirai que nous sommes dans le pays des fées.

L'église supérieure n'a pas le même caractère que celle qui lui sert de base. Beaucoup plus élevée, elle reçoit directement la lumière, qui ne pénètre dans l'autre qu'à travers les chapelles latérales : aussi porte-t-elle beaucoup moins à l'imagination. Ce qui la rend précieuse, ce sont les peintures qui en couvrent tous les murs. Presque toutes sont de Giotto et de Cimabue, les pères de l'art. Avec douleur on voit se dégrader ces trésors. Déjà toute la partie plus voisine des voûtes a disparu et le reste est menacé du même sort. L'église est quasi abandonnée; les religieux n'y officient qu'à certains jours de l'année, ce n'est pour ainsi dire plus pour eux qu'un monument d'antiquité, dont les étrangers jouissent plus que les maîtres. Ils déplorent sa perte, mais ne sont pas assez riches pour l'empêcher. Le dessin de ce vaisseau comme de l'autre est gothique; on voit que c'est un tout jeté d'ensemble. Un Allemand, dit-on, en fut l'auteur : ce qui m'étonne ; car, vers la fin du treizième siècle l'architecture gothique, dans la Germanie comme en France, était arrivée au plus haut développement qu'elle ait atteint, et la basilique d'Assise est bien loin des chefs-d'œuvre de ce genre. Si le recueillement de l'église inférieure rend inutiles les ornemens gracieux, il n'en est pas de même de la basilique d'en haut.. Svelte, légère, on la voudrait plus travaillée. Peut-être le dessin de l'artiste n'a-t-il pas été exécuté tel qu'il l'avait donné : on serait porté à le croire quand on voit d'élégantes galeries interrompues on ne sait pourquoi, tandis que la corniche semble préparée pour les recevoir. Au premier coup-d'œil, l'éclat des couleurs fait illusion : un examen plus attentif révèle la nudité et la mesquinerie de l'architecture.

FÉLIX.

Pourquoi, mon révérend père, ne faites-vous pas d'ordinaire l'office dans cette église ? Elle est certes assez belle pour mériter quelques égards.

LE PÈRE***.

Donnez-nous une centaine de religieux de chœur, et nous pourrons satisfaire votre désir. Nous sommes une vingtaine, quelques-uns sont vieux, d'autres occupés dans leurs charges, en sorte que quelquefois six ou sept seulement assistent à l'office. Or, la belle figure que six ou sept personnes feraient dans ces stalles ! à peine les verrait-on. En outre, même dans le temps de la splendeur du couvent, on officiait en bas à cause du tombeau de saint François, qui est sous le maître-autel.

FÉLIX.

Quel beau spectacle devait offrir cette communauté alors qu'un nombre suffisant de sujets permettait de donner au culte toute la pompe qu'il requiert !

LE PÈRE***.

Long-temps le sacré couvent a été remarquable, non-seulement par le nombre, mais par le mérite de ses religieux. Commis pour ainsi dire par tout l'ordre à la garde du corps de saint François, ils ont toujours conservé un esprit de régularité qui a manqué quelquefois à d'autres couvens. Vous ne trouverez pas une maison de notre ordre où l'on se lève la nuit pour chanter matines au chœur; ici l'on est exact à ce point assez pénible, je puis vous le dire. Les sorties sont rares, et il est tel de nos prêtres qui se contente de faire sa promenade dans le cloître, et ne franchit la clôture que quand un ordre des supérieurs l'y oblige.

ÉMILE.

Aussi le sacré couvent est-il regardé comme le modèle de l'ordre, dont les bulles des papes l'ont déclaré *caput et mater*; et les séculiers aiment à dire que toujours à Saint-François-d'Assise habite quelque saint.

LE PÈRE***.

Celui d'à-présent, vous le connaissez! On ne peut s'être arrêté dans la ville pendant quelques semaines sans avoir entendu vanter le zèle, l'ardeur, la charité, la modestie de cet excellent religieux.

FÉLIX.

Plus d'une fois, mon révérend père, vous avez mentionné le corps de saint François; où repose-t-il ?

LE PÈRE***.

Je vous conduirai bientôt au souterrain.

ARMAND.

J'ai lu dans divers ouvrages je ne sais quelles rêveries d'une église souterraine dont l'entrée était inconnue.....

LE PÈRE***.

Allons nous asseoir sous le cloître, et je vous raconterai toute cette histoire.

Dans le moyen-âge, alors que le catholicisme pénétrant les masses, les modelait sur son type éternel, et par son action intime les poussait à une haute civilisation, les peuples agissaient par un esprit de foi auquel se mêlait encore la rudesse des mœurs barbares qu'ils n'avaient pas entièrement dépouillées. Un des effets les plus bizarres de cette disposition des esprits fut le zèle avec lequel on cherchait à se procurer les reliques. La piété les faisait demander avec instance, et si la requête n'était pas favorablement accueillie, sans autre forme de procès, on la réitérait les armes à la main; en sorte que plus d'une fois le sac d'une ville et le massacre de ses habitans fut le premier fruit de cette dévotion sauvage. Vous devez penser combien fière était Assise de conserver les dépouilles mortelles d'un saint dont le nom remplissait le monde. Jusqu'alors elle avait peu de gloire; sa position en faisait une assez bonne place de guerre, mais la rendait très impropre au commerce; aussi ne connaissait-elle guère d'étrangers que les brocanteurs juifs et les maîtres de la gaie science (1). Et voilà qu'en quelques années elle voit affluer les pélerins; elle devient le point où se fixent les regards des nations. Le tombeau du saint est le palladium qui lui assure

---

(1) Les ménestrels provençaux dans les douzième et treizième siècles parcouraient l'Italie, où leurs chants étaient goûtés à tel point que plusieurs poëtes italiens préfèrent le provençal à leur propre langue.

la renommée, la richesse et la puissance. C'en était plus qu'il ne fallait pour exciter la jalousie des cités voisines. On tenta plus d'une fois d'enlever le sacré dépôt. Pour mettre fin à ces prétentions et ôter jusqu'à la tentation d'un pieux larcin, le Pape lança l'excommunication contre quiconque oserait enlever le corps de saint François, et appuya cette mesure spirituelle d'une précaution toute matérielle et fort bonne. Il ordonna de murer tout d'une masse l'intérieur du caveau pratiqué sous le maître-autel de l'église d'en-bas. Avec le temps ce fait passant de bouche en bouche se dénatura; il n'en resta que le souvenir vague d'un lieu souterrain où l'on ne pouvait plus pénétrer, et l'imagination, qui se plaît au merveilleux, en forma la tradition d'une troisième église aussi grande que les deux autres et bien plus belle; car il ne coûtait rien de l'orner à sa guise. Des religieux eux-mêmes partagèrent cette croyance. Un seul point les gênait, c'était l'entrée dont ils ne pouvaient rien dire. J'ai encore vu deux fort belles clefs très anciennes, qui, découvertes dans un coin de la sacristie, et se trouvant sans objet, furent déclarées être celles des portes de bronze qui, disait-on, existaient au pied d'un certain escalier.

FÉLIX.

Et comment en vint-on à connaître la vérité?

LE PÈRE***.

Il y avait toujours quelque tête qui travaillait à pénétrer le mystère : c'était là la pierre philosophale du sacré couvent : plusieurs fois on avait fait des fouilles sur des indications qui s'étaient trouvées sans fondement, et de Rome était venue une défense expresse de renouveler ces recherches infructueuses. En 1818, un frère-lai prétendit avoir trouvé le secret. Il fit tant que le Père custode demanda et obtint de faire une nouvelle tentative qui réussit comme les autres. Profitant de la permission qu'il avait, il abandonna le plan du frère-lai et fit ouvrir un chemin sous le maître-autel. Après un travail assez long, fait dans la roche vive, on trouva une masse compacte de pierres et de ciment, puis continuant à percer dans la même direction, on arriva de nouveau au rocher. Le custode alors fit ouvrir une nouvelle route qui formait la croix avec la première, et après quelques pas, on rencontra le rocher à droite et à gauche. Donc on se trouvait dans un caveau creusé dans la pierre vive et rempli de ces matériaux hétérogènes ; au-dessus était l'autel, restait à creuser au-dessous. Après quelques efforts, on arriva à une pierre d'une autre nature que le roc environnant; un des ouvriers la frappa de son pic et elle rendit un son sourd. L'espérance devenait de plus en plus vive : on perça cette pierre et on vit les barreaux d'une grille horizontale. Le Père custode, qui n'abandonnait jamais les travailleurs, fit descendre une lampe dans cette cavité, et découvrit les pieds d'un squelette couché. Aussitôt il fit fermer l'ouverture, la scella du sceau du couvent, et écrivit à Rome quel avait été le succès de ses recherches. Le Saint-Père invita les divers ordres franciscains à dire leur avis sur cette découverte, et alors commença une polémique très animée. Les Observans, qui ne nous aiment pas beaucoup, firent tout leur possible pour prouver que nous n'avions pas trouvé le corps de saint François : les nôtres se trouvèrent obligés de faire, pour répondre, des recherches minutieuses; toutes nos archives furent compulsées, toutes les traditions discutées, tous les faits établis, et il en résulta un corps de preuves inattaquable. C'était justement ce qu'avait voulu le Pape. Il imposa silence aux deux partis, nomma une commission d'évêques pour examiner les faits sur les lieux, et il demeura prouvé qu'on avait retrouvé les restes de notre saint patriarche, au grand déplaisir de bien des gens qui préféraient la chimère d'une église souterraine à la réalité d'un cercueil de pierre. Pour les consoler, on creusa dans le roc une chapelle en l'honneur du Saint, et j'aime mieux vous la montrer que vous la décrire.

Ce petit souterrain est octogone et d'un fort bon style. Le tombeau du Saint se trouve au milieu sur une base de rocher, entouré d'ornemens fort riches. Si nous avions pu oublier les églises supérieures, la chapelle nous aurait paru charmante, mais comment approuver des piliers toscans sous deux étages de style gothique? pourquoi ne pas faire un ensemble au lieu de créer une disparate si frappante?

Nous quittâmes bientôt le père ***, car il se faisait nuit, et une pluie fine nous faisait craindre un de ces déluges d'eau si fréquens dans les pays de montagnes.

— Eh bien, Armand, qui préférez-vous, les Conventuels ou les Capucins?

— Les Capucins, sans nul doute. J'ai seulement un grief contre eux : je n'aime pas leur mendicité; pourquoi être ainsi à charge au public?

— Si vous n'avez que ce reproche à leur faire, vous serez bientôt leur ami, car ils ne sont à charge à personne, et sont très-utiles à tous. Du moment où ils *demandent*, on est libre de donner ou de refuser; un frère quêteur n'est pas un percepteur des contributions: or, un don volontaire ne se peut appeler une charge. J'ai calculé ce que peut coûter par an l'entretien d'un Capucin; deux cent cinquante francs environ lui suffisent; mettez cinq cents francs pour l'entretien de l'église et du couvent, et avec trois mille francs vous entretenez une communauté de dix personnes, toutes dévouées au service du prochain. Et notez que cette dépense répartie sur tous les habitans d'une ville et de son district, se réduit à rien, si l'on considère que la plupart des aumônes se font en nature, et par conséquent coûtent moins au bienfaiteur. Que si le mot de *mendicité* vous révolte, vous pouvez le changer, s'il vous plaît, mais je ne vous le conseille pas. Le monde méprise les *mendians*, mais Jésus-Christ ne pense pas comme le monde et a ennobli la mendicité, en l'exerçant avec ses premiers disciples, les apôtres.

A la pluie avait succédé un épais brouillard qui pénétrait jusqu'à la moelle des os : nous fûmes donc bien contens quand on nous introduisit au *caminaccio*. On appelle ainsi chez les Capucins une salle dans laquelle se trouve une cheminée où chacun, si le besoin l'exige, peut aller chercher un peu de chaleur (car dans tout le couvent il n'est pas une seule chambre à feu). Sous l'immense manteau de ce foyer commun sont rangés quelques bancs. Là on jette des troncs d'arbre et des fagots entiers ; figurez-vous la fumée ! c'est quelquefois à n'y pas tenir. La nuit après matines, on vient se réchauffer un peu en silence ou en récitant le *miserere* et des oraisons à la Sainte-Vierge ; après les repas, on y fait quelques momens conversation. Nous restâmes surpris en entrant ; toute la salle était dans l'obscurité, la lueur seule de la braise donnait un peu de relief aux objets : quelques religieux étaient assis sur les bancs, d'autres debout gesticulaient en parlant. Un frère-lai à genoux écartait les cendres avec un tison à demi brûlé, et l'œil fixé sur le Père gardien, ne perdait pas une parole d'une gazette vieille de quinze jours, qu'un visiteur avait laissée au couvent. Les ombres fortement prononcées, la teinte rougeâtre du clair-obscur, le pittoresque des vêtemens, la beauté de quelques têtes, le comique de certains détails nous firent penser à Rembrandt ou à Gérard Dow c'était un sujet digne de leur pinceau. En notre honneur on ajouta un fagot, et bientôt la flamme s'élevant en lames bruyantes égaya la scène et nous rendit grand service. Emile, en donnant des nouvelles plus fraîches que celles de la *gazetta di Fuligno*, se fit écouter de tout le monde, parla beaucoup et peut-être parlerait encore, si un *Deo gratias* n'avait attiré tous les yeux vers la porte qui venait de s'ouvrir. Un frère-lai à la barbe épaisse et frisée vint s'agenouiller devant le Gardien. C'est le salut de tout religieux qui rentre au couvent.

LE P. GARDIEN.

Basta! basta! frà Girolamo, chauffez-vous. Et la pluie?

— Eh! Père, si je ne suis pas fondu, c'est que je ne puis pas fondre! Voilà six heures que je marche, ou plutôt que je nage dans l'eau; je ne sais plus si je suis chair ou poisson.

— Pauvre garçon! avez-vous mangé?

— Oui, oui, mon père; avant de partir de Nocera, le P. gardien, Dieu le bénisse! me mit dans la sporta (1) un peu de pain et quelques noix: l'eau n'a pas manqué.

Cependant le frère avait quitté son *sudario* (2) et séchait de son mieux le bas de sa robe incrusté de boue; bientôt le frère réfectorier vint lui présenter une tasse de vin; puis arrivèrent deux des jeunes pères : l'un portait un bassin, l'autre un vase d'eau tiède et une serviette. Agenouillés devant frà Girolamo, ils lui lavèrent les pieds, qu'ils baisèrent ensuite avec respect. Cet acte d'antique hospitalité est de règle chez ces bons religieux, et comme chez eux on tient à honneur de servir les au-

---

(1) Espèce de corbeille fermée, où les Capucins en voyage mettent leur bagage, c'est-à-dire leur bréviaire, quelques papiers s'ils vont prêcher, et quelquefois, comme frà Girolamo, un peu de provisions.

(2) Pièce de laine sans manches qui tient lieu de chemise, et qu'on quitte quand la pluie ou la transpiration l'ont rendu nécessaire.

tres, c'est toujours à des pères qu'est dévolu cet office. Commencèrent ensuite les questions : et le père celui-ci? et le frère celui-là? etc., etc., etc., toutes choses pour nous d'un fort maigre intérêt.

Il fallait rester un jour encore à Assise, pour laisser les routes s'essuyer un peu. Nous l'employâmes à visiter l'église des Réformés, dite *Chiesa Nuova.* C'est la maison du père de Saint-François convertie en chapelle dès le treizième siècle; on y voit la chambre où naquit le saint, et un petit coin obscur, où son père l'enferma, voulant s'opposer à une piété qu'il appelait extravagante et *honteuse* pour sa maison. Brave homme! si son fils n'avait pas ainsi fait le *déshonneur* de sa maison, qui saurait maintenant qu'il ait jamais existé à Assise un sieur Bernardone, marchand de son métier? On nous fit voir encore S. Damiano, où le saint avait placé sainte Claire à la tête de sa première communauté de filles. Ce qu'il y a de fort curieux dans ce petit couvent, c'est qu'on a conservé le réfectoire tel qu'il était vers 1240. Les tables à moitié vermoulues sont soutenues par des planches bien établies au-dessous, et une vieille porte d'armoire ne s'ouvre plus, de peur de la voir tomber.

La grande route mène d'Assise à Spolette. Mais pour Armand, c'était trop commun ; il voulut courir les aventures, et on résolut de passer par les montagnes. C'était au lieu d'une trentaine de milles, s'en préparer une soixantaine au moins, sans compter la fatigue et bien d'autres petits désagrémens. Patience !

LES MONTAGNES.

—

Ah ! s'écrie ici mon jeune lecteur, c'est à présent que le livre va devenir amusant! Trois jeunes curieux jetés dans des montagnes inconnues, et marchant à l'aventure sur des indications mal données et mal comprises ; que d'incidens, que de merveilleux! lisons !

Hélas! lecteur très-cher, détrompez-vous. Il me serait tout aussi facile qu'à un autre de rencontrer des voleurs, des revenans, des faux monnoyeurs, que sais-je? mais je vous ai promis, dès le commencement, de ne vous dire que la vérité ; et la vérité, la pauvre vérité, elle a peu le talent de plaire! Si cependant vous la préférez au mensonge, venez avec nous, et si vous ne trouvez pas de merveilleux, peut-être vous montrerons-nous du nouveau.

— Où allons-nous ? dit Armand en s'essuyant le front.

—Eh ! à Pian della Pieve, comme on nous l'a indiqué.

— Hum ! on nous a annoncé une heure de marche, une route assez bonne, et toujours sur le flanc de la montagne, et si je ne me trompe, voici tantôt deux heures que nous trottons, le chemin est loin d'être agréable, et nous sommes dans un fond, donc....

— Donc, nous nous sommes trompés.

— Si nous commençons comme cela....

—Eh ! qui l'a voulu, monsieur Armand ? Ne vous ai-je pas dit ce qui arrive dans les montagnes? Vous n'avez pas daigné m'en croire sur parole ; le vin est tiré, il faut le boire. En avant!

— Il serait peut-être plus sage de retourner sur nos pas, et de retrouver le sentier que nous avons abandonné.

— Bah! à la grâce de Dieu! avez-vous peur?

— Mais, Emile, dit alors Félix, vous changez de rôle, Armand parle en sage, et vous voulez agir en fou. Rien n'est plus facile que de grimper sur la montagne, nous retrouvons le chemin que nous avons abandonné, et.....

— Et, cinquante pas plus loin, nous trouvons un autre embranchement dont nous nous tirons tout aussi mal que du premier; croyez-moi, continuons notre route le long de ce torrent.

— Et où dormirons-nous? Le soleil commence à baisser....

— Dormir! dormir! un homme aux aventures comme Armand, songer à dormir! Allons, preux chevelier errant, préparez-vous à passer la nuit à la belle étoile.

— Ce serait joli!

Emile avait fait exprès d'égarer ses amis. Plus d'une fois il avait chassé dans ces montagnes, et il les connaissait fort bien à deux ou trois lieues à la ronde; autrement, il n'aurait pas osé s'engager sur le soir dans ces labyrinthes de sentiers à peine tracés. Cette partie des Apennins se compose d'une foule de mamelons amoncelés les uns au-dessus des autres, séparés par des torrens ou de petites plaines dont le niveau va sans cesse s'élevant, et couverts d'épaisses forêts de chênes ; çà et là des cabanes isolées au milieu d'un petit défrichement. Les villages sont excessivement rares : chaque paroisse se forme d'un certain nombre de ces habitations solitaires dont l'église tient le centre, bâtie pour l'ordinaire sur la pointe la plus haute, à côté de l'ancien château. Il est difficile de marcher deux heures sans rencontrer un de ces vieux édifices. Ils sont presque tous carrés, entourés de murailles fort élevées, avec deux portes et deux ou trois petites rues à l'intérieur. Là habitait le seigneur avec ses hommes et ses bêtes ; là se réfugiait le peuple dans les momens les plus critiques des guerres presque continuelles. Il en est qu'à leur construction je crois avoir appartenu à des communautés libres, sous le patronage de quelque seigneur voisin. Aujourd'hui ils servent d'asile aux plus misérables de la paroisse, qui s'y établissent comme ils peuvent dans les vieilles salles à demi ruinées. Le château donne le nom à toute la paroisse, mais chaque métairie a sa dénomination particulière. Point de routes, il faut s'y attendre, On va de l'une à l'autre en suivant de petits sentiers qui, tantôt s'élèvent jusqu'au sommet des pitons, tantôt, en serpentant sur leurs flancs, vous conduisent jusqu'au bord du torrent qu'il faut passer ou sur un arbre jeté en travers d'une rive à l'autre, ou sur les quartiers de rochers que les montagnards ont disposés çà et là, selon que l'a permis le cours de l'eau.

Déjà le soleil avait disparu; on entendait de toutes parts le son rauque des cornets des porchers qui rassemblaient leurs bêtes, mais on ne voyait pas de traces d'habitations. Emile marchait le premier, en côtoyant un ravin d'une centaine de pieds de profondeur. Quelquefois des touffes d'arbres, nés entre les fentes des rochers, formaient comme une épaisse muraille de verdure derrière laquelle on entendait le sourd mugissement de l'eau, puis tout-à-coup on découvrait le précipice, dont les roches amoncelées offraient l'image du chaos.

— Où diable nous menez-vous? Voulez-vous nous faire casser le cou, ce soir? On n'y voit plus!

— Il faut bien avancer, ou coucher ici!

Et l'on continuait à marcher en silence. — A moi, Giordano ! crie Emile....

C'était un gros chien de berger des montagnes, au poil blanc et long, au museau affilé, à la queue pendante et touffue, à l'œil sanglant, aux morsures terribles, qui accourait en aboyant et en montrant les dents. Déjà Félix avait tiré de sa poche un pistolet, quand, à son grand étonnement, à la voix d'Emile, le chien perd sa colère et, d'une d'une manière toute amicale, lui met les deux pattes sur la poitrine et lui donne un baiser fort tendre.

— A bas! je ne veux pas de ces caresses-là !.... Messieurs, c'est Giordano, un ancien ami; ne lui dites rien maintenant, il serait capable de mal prendre vos complimens, ce soir vous ferez connaissance. Suivons-le, il nous conduira à quelque gîte.

Le sentier devint extrêmement rapide, et conduisit les trois voyageurs dans une prairie dont la pente assez douce s'abaissait jusqu'au bord de l'eau : au milieu était un bâtiment aux tours carrées, aux murailles noires, à l'aspect mélancolique; un peu de fumée, formant au-dessus du toit une colonne verticale, annonçait que là-dedans on songeait à souper.

On suit un chemin formé avec les pierres tirées du torrent, et l'on arrive à la porte. Une petite fille ramenait les chèvres à la maison ; après avoir baisé respectueusement une petite croix de bois plantée à l'entrée, elle jette un regard de curiosité sur les étrangers....

— Oh ! notre bon monsieur Emile ! quel bonheur ! qui vous attendait ?

— Bon soir, Mariuccia ; es-tu toujours bonne fille ?

— Je n'en sais rien.... maman vous le dira.

Ce fut bien une autre scène dans la cour. Un montagnard robuste dépeçait à coups de hache un tronc de chêne.... — Et ces chèvres, dit-il brusquement, sans se déranger de son ouvrage, on les laisse dans la cour ! Vite à l'étable. Quelle paresse est-ce là ?

— Mais, mon oncle, voyez un peu qui est là !

— .... M. Emile, oh ! *capperi!*.... La hache reste plantée dans le bois, et le travailleur s'élance vers le nouvel arrivé ; mais il n'était pas seul. Son exclamation sonore avait été entendue dans la maison, et toute la famille s'était précipitée : hommes, femmes, jeunes gens, enfans, entouraient Emile ; on lui baisait les mains, on prenait son bâton, son havresac, on sautait de joie, on bénissait le bon Dieu qui l'avait ramené. Un peu de silence s'établit quand un vieillard, aux cheveux blancs, arriva le dernier.

— Eh bien, Girolamo; je vous l'avais bien dit que nous nous reverrions!

— Loué soit Dieu qui m'a accordé quelques jours encore pour me faire jouir d'un bonheur sur lequel je ne comptais plus.

— Comment vous traitent vos quatre-vingt-six ans?

— Eh, eh!

— Voyez, mes amis, ce bon vieux; croiriez-vous que chaque dimanche il fait deux milles de montée très rapide, pour aller à l'église paroissiale; droit comme un I, et toujours sans bâton? Il est encore quasi le plus robuste de toute sa famille.

— Oh! maintenant je ne suis plus bon à rien; j'ai travaillé, oui, et dans mon temps j'en valais bien un autre: maintenant ces morveux-là me nourrissent, c'est à leur tour.

Les *morveux* étaient trois gaillards de trente-cinq à quarante-cinq ans, fils du bonhomme, et, par leur vigueur, dignes de leur père. On nous conduisit dans la salle d'en haut, où nous trouvâmes un excellent feu qu'avait préparé Rosa, fille aînée de Girolamo. Renommée dans la montagne par sa conduite exemplaire, elle est arrivée à l'âge de cinquante ans sans vouloir se marier; sa vie se partage entre les pratiques de piété, le soin des enfans de la maison, à qui elle enseigne à lire et à coudre, et l'exercice d'un petit talent médical qui la fait appeler souvent dans les environs. Grande, sèche, et toujours vêtue de noir, elle attirait beaucoup l'attention d'Armand, qui, après avoir allumé un cigarre, s'écria :

— Où nous avez-vous conduits? au sabbat? Est-ce une fée, ou bien une princesse enchantée, et retenue ici par quelque démon malicieux?

— Est-ce que le gîte vous déplaît?

— Non, il est trop romantique pour déplaire; mais où sommes-nous?

— Dans une des plus anciennes abbayes des Bénédictins, maintenant convertie en bâtimens d'exploitation. Les murs de la salle où vous vous trouvez n'ont pas moins de onze siècles; toute la façade est de la même époque, le reste, qu'habitent les métayers, est de quatre ou cinq cents ans plus moderne. Il est fâcheux que l'ancienne église ait entièrement disparu : deux chapitaux qui gisent dans un coin montrent qu'elle devait être belle pour son temps. Vous verrez demain les restes de quelques sculptures très curieuses, que j'ai retrouvées et sauvées d'une totale destruction : quelques lettres d'une inscription subsistent encore, mais on ne les peut déchiffrer.

FÉLIX.

Tout cela, mon cher ami, sera fort curieux demain : ce soir il serait assez à propos de rester dans le siècle présent et d'y faire un peu de souper.

ÉMILE.

Hommes prosaïques !... Il faut cependant contenter votre envie, qui, au fond n'est pas trop déraisonnable. Voyons, Rosa, que peut on avoir pour souper ?

ROSA.

Vous savez ce que l'on mange dans la famille...

ARMAND.

Nous mangerons la même chose : table commune !

ÉMILE.

Non, mon ami, vous ne connaissez pas la manière de vivre de ces pauvres montagnards; à l'heure qu'il est, Sabbatina, qui est maîtresse de la maison, a pétri de la farine de blé de Turquie avec de l'eau et un peu de sel, elle en a fait une galette assez épaisse et l'a mise sous la cendre; des fèves cuisent dans un chaudron. Quand la galette sera à point, chacun en recevra sa part : puis, quelques gouttes d'un lard rance, fondu dans la poêle, formeront l'assaisonnement des légumes ; on en emplira ensuite autant d'écuelles qu'il y a de personnes, et le souper sera servi. Ceux qui veulent tout manger sont les maîtres; s'ils veulent en garder pour demain, ils mettent leur écuelle dans un coin, et personne n'y touche, sinon quelque rat, attiré par le lard. De pain, on n'en parle qu'à Noël et à Pâques : c'est tellement un objet de luxe, que, pour exprimer l'état d'aisance de quelqu'un, on dit : « Oh! il est riche, *il mange du pain tous les jours !* » Quand l'année est mauvaise, on renonce même à la farine de blé de Turquie, et on mange des glands et des sorbes moulus ensemble.

ARMAND.

Pauvres gens! Ils ne font que ce repas dans la journée?

ÉMILE.

Pardonnez-moi. Le matin avant d'aller au travail, la mère de famille fait la galette pour tous : c'est là le déjeuner. Quant à nous, il nous faut quelque chose de plus.

Rosa cependant avait apporté des œufs, des choux, des champignons et deux poulets qu'elle venait de tuer; elle se mit à pétrir de la fleur de farine, pour en faire une galette digne des étrangers.

ARMAND.

Cette sorcière saura-t-elle nous faire à souper?

ÉMILE.

A d'autres! Voyez, elle dépense tout son talent pour suppléer au pain. C'est à nous à mettre en œuvre les élémens qu'elle a fournis.

ARMAND.

En voilà une bonne! Faire la cuisine!

FÉLIX.

Je n'y entends rien du tout.

ÉMILE.

Et vous voulez voyager à pied! et vous voulez quitter les grandes routes, vous jeter dans les montagnes! Eh, mes petits amis, allez, allez chercher votre bonne, qu'elle vous donne à souper... Fi, messieurs, avec de grandes moustaches sous le nez, ne savoir pas mieux se tirer d'affaire! Lestes! à l'ouvrage! je serai le chef, vous serez mes aides, et vous verrez quel festin!

Les voilà tous trois à cuisiner. Emile, fait

de longue main à tous les incidens des voyages, montrait une adresse toute particulière, les deux autres étaient bien gauches, bien embarrassés; mais s'amusaient beaucoup de leurs bévues: on soupa fort gaiment et, comme de raison, on trouva tout délicieux. Le repas fini, quand, réunis autour du foyer, les trois amis remplissaient de fumée l'antique salle monastique, arriva Girolamo avec Rufino, son fils aîné; et deux ou trois bambins pour faire compagnie à ses hôtes. Il fut d'abord remercié de la cruche de vin qu'il avait envoyée; c'était un grand cadeau, car la douce liqueur flatte rarement les palais montagnards : après les complimens, on fit cercle, et la conversation s'engagea. Armand et Félix comprenaient difficilement le patois des montagnes; Emile leur servait au besoin d'interprète.

GIROLAMO.

Vous avez été assez mal ce soir ! Patience : si vous le prenez pour l'amour de Dieu, vous n'y perdez rien ! Autrefois, j'aurais pu vous donner quelque chose de plus ; qui sait ? du pain, de la viande peut-être ! oh ! j'étais riche alors, et puis le vivre n'était pas cher comme à présent.

FÉLIX.

Comment avez-vous perdu votre petite fortune?

GIROLAMO.

Faut-il le demander? Vous êtes jeunes, vous autres, vous n'avez pas vu les temps que j'ai vus, moi! Vos Français, quand ils sont venus ici avec leur république, ils ont tout mis sens dessus dessous. Nous vivions en paix et très heureux sous le gouvernement le plus doux possible; chacun mangeait son blé et buvait le vin de sa vigne, sans que personne lui dît rien. On engraissait des bestiaux, on défrichait, et on jouissait du fruit de ses fatigues; depuis la république tout a changé. Les contributions ont plus que triplé : bêtes à cornes, pourceaux, brebis, tout a été soumis à la capitation, le sel est devenu d'un prix si exorbitant, que souvent nous ne pouvons en avoir; jusqu'à la mouture du grain qui est gênée par un droit très fort. Notre pays était un pays de Cocagne... vous nous l'avez gâté, vous nous l'avez gâté.

FÉLIX.

Mais les Français ne sont pas restés si longtemps! Le gouvernement pontifical pouvait bien remettre tout comme avant.

GIROLAMO.

Non, non, il ne le pouvait pas! Si j'ai de bon blé dans mon champ, et que mon voisin vienne y jeter l'ivraie, pourrai-je *remettre tout comme avant?* Il me faut laisser pousser tout ensemble, et la belle récolte que je ferai! Les Français ont semé, le Pape recueille maintenant. On nous répète que c'est la faute du Saint-Père... Dieu le leur pardonne! c'est un mensonge! Le Pape voudrait nous dégrever; mais comment le peut-il faire, s'il a besoin d'argent pour tenir en bride tous ces révolutionnaires, comme ils les appellent: je crois, pour moi, que ce sont autant d'hérétiques, qui n'ont pas une once de foi dans le cœur.

ARMAND.

Ils font ici ce qu'ils font partout. Ils cherchent à ameuter les peuples contre les souverains, pour s'emparer du pouvoir. Tant qu'ils attaquent, ils sont forts : ils battent tous les endroits faibles, comptent toutes les fautes, les exagèrent, crient au mauvais gouvernement. Sont-ils maîtres, ils ne font pas mieux, et pèsent sans pitié sur le peuple, qu'avant ils flattaient si bassement.

GIROLAMO.

C'est çà! vous l'avez dit juste! Voyez un peu la bonne foi! on crie partout liberté! bonheur de la nation! souveraineté du peuple! et voilà qu'on m'ôte mes bestiaux pour je ne sais quelle réquisition ; on menace de me fusiller, parce que je fais dire la messe chez moi ; on veut me voler mes enfans : belle souveraineté qui me met le couteau sous la gorge! On me dit : « Mais vous régnez par vos représentans ! » Sottise! ce n'est pas vrai ; m'a-t-on demandé mon avis pour les établir, et suis-je même en état de le donner ? Et quand il serait vrai qu'ils soient mes représentans, le joli avantage pour moi si leur gouvernement est plus rude que celui d'avant! Au fait, plus il y a de gens à table et plus il faut de galettes. Chacun de ces braves amis du peuple a des

8*

enfans dont il veut assurer l'existence ; il faut des places, et s'il n'y en a pas, on en fait, et qui est-ce qui les paie? nous, nous, peuple souverain! Je vous le répète, nous ne gagnons rien à régner de cette manière. Parcourez tout notre pays, et vous entendrez partout regretter le temps heureux et paisible, où on n'avait pas jeté toutes ces billevesées dans les têtes. A présent tout le monde veut gouverner, c'est pis que la tour de Babel !

ARMAND.

Et vos enfans sont-ils partis?

GIROLAMO.

Psst! pas si bêtes! D'abord Rufino avait déjà femme, et je crois même que ta Felice était née, hein? Basta: on me demande Pietro, je paie un homme pour ne pas m'attirer d'affaires. L'année d'après, on veut avoir à la fois et Pietro et ce mioche de Paolino. Oh, piano ! dis-je alors ; on n'aura ni l'un ni l'autre....... qu'on vienne les prendre ! On voulut y venir; mais, messieurs, le montagnard quand il le veut, est maître chez lui. Une vingtaine de garçons des environs avaient aussi refusé de marcher et s'étaient unis à mes deux fils. La nuit ils la passaient dans la montagne pour éviter une surprise ; le jour ils allaient au travail, le fusil en bandoulière. La première fois que des gendarmes pénétrèrent par la gorge de Valfabrica, on le sut à l'instant à dix milles à la ronde. Avec certains cris que les bergers se jettent d'un rocher à l'autre, nous avons bientôt fait de répandre un avis. Nos enfans se rassemblèrent, et s'ils avaient été méchans, les gendarmes passaient mal leur temps. Ils se contentèrent de leur faire une telle peur, qu'ils n'osaient pas même de loin regarder la cime de nos chênes les plus élevés.

FÉLIX.

Que peut en effet la troupe dans un pays comme celui-ci, où deux hommes ne peuvent marcher de front? A coups de pierres, connaissant les lieux comme vous autres, je voudrais défaire un régiment.

RUFINO.

Figurez-vous! dès notre enfance nous passons les journées dehors avec nos pourceaux et nos chèvres : il n'y a pas un tronc d'arbre que nous ne connaissions.

ROSA.

Mon père, on va dire le rosaire en-bas.

GIROLAMO.

Messieurs, Dieu vous donne la bonne nuit.

ROSA.

Attendez un moment, M. Emile, voyez un peu les progrès qu'a faits Tomasso.

EMILE.

Que sais-tu maintenant, petit coquin ?

Tomasso, fils de Rufino, et joli garçon de quatorze ans, est l'écolier favori de Rosa : il répondit qu'il savait *chanter l'épître*, et prenant des mains de son institutrice un livre tout gras, qu'elle tenait d'un grand-oncle, curé de son vivant, il se mit à crier à tue-tête en fausset, une épître dont il arrangeait le latin à sa guise. Les deux officiers riaient sous cape ; Emile écoutait avec beaucoup de gravité ; Rosa se rengorgeait avec quelque peu d'amour-propre.

Nous dormîmes comme nous pûmes, sans nous déshabiller, tous les trois sur un lit, et le lendemain nous fûmes réveillés par le son d'une cloche. Notre toilette fut bientôt faite, et nous apprîmes qu'on avait donné le signal pour la sainte messe. Un Père capucin envoyé à Assise de nuit, avait dormi dans une cabane voisine avec son compagnon, et profitait de la chapelle pour célébrer les saints mystères. C'était un jour de travail, et cependant en peu de temps on vit de tous côtés les montagnards descendre vers l'abbaye. Trop éloignés de leur cure pour y aller chaque jour satisfaire leur dévotion, ils ne manquent pas d'accourir quand dans quelque endroit plus voisin on célèbre la messe. De là tant de petites chapelles répandues par la montagne. Nous assistâmes au saint sacrifice, fort édifiés de la dévotion de cette rustique assemblée, et après le déjeûner auquel nous invitâmes le capucin, nous allâmes prendre congé de la famille dans les salles qu'elle occupe. Quand on n'a pas vu ces habitations, il est impossible de s'en faire une idée. Des murailles noires de fumée et dont on voit toutes les pierres, parce que jamais elles n'ont été crépies, des plafonds formés de poutres non équarries et d'où pendent toutes sortes de comestibles barbares, des bancs de bois mal taillés, quelques caisses, des instrumens de labour, des haillons accrochés çà et là, quelques pots de terre, un plancher à travers lequel on voit l'étable qui est au-dessous, des fenêtres sans vitres; que sais-je?... et je n'ai pas dit la moitié des misères qui s'accumulent dans ces lieux où cependant habitent des créatures humaines! Ils y ont un crucifix qui les console et leur rappelle l'espérance d'une vie meilleure; c'en est assez pour les rendre heureux.

Rufino, chef de famille, depuis que son père a planté piquet au coin de la grande cheminée, distribuait le travail : à l'un la charrue, à l'autre la pioche; celui-ci devait aller avec les moutons, Tomasso le savant avec les pourceaux, et ses deux plus jeunes frères avec les dindons; à Félice et à sa sœur Mariuccia étaient destinées les chèvres. Chacun répondant à l'appel après avoir pris son morceau de galette fumante, et reçu la bénédiction paternelle, filait avec son bataillon : jamais sur le Carrousel manœuvre de parade ne fut mieux exécutée. Les deux filles partirent les dernières, quand leur mère leur eut mis au côté la quenouille chargée de laine. Elles doivent au retour remettre la quenouille déchargée et le fuseau garni de fil. Voilà la vie de ces bonnes gens, vie dure sans doute, mais pleine d'innocence et embellie par la religion qui se mêle à toutes leurs actions. Combien de fois n'ai-je pas vu sur le tronc des arbres des croix grossièrement sculptées, au pied desquelles la bergère vient réciter son chapelet et demander à la Madone d'être toujours bonne ! Je puis dire à leur louange qu'elles sont pour la plupart exaucées ; car parmi ces peuples (que des circonstances inutiles à vous raconter m'ont fait assez bien connaître), j'ai très rarement entendu parler d'une fille ou d'une femme sans pudeur. Le plus souvent les mariages se font par convenance, et quand on est d'accord sur le point des intérêts, les futurs apprennent à se connaître et à s'aimer sous les yeux des parens. Rarement l'amour décide les unions, ou du moins l'amour est rarement la raison principale. Un jeune homme me racontait une fois comme quoi sa future le plantait là pour un autre. Depuis cinq ans que je lui fais la cour, disait-il, croyez-vous que je n'ai rien dépensé? Plus de onze pauls(1), Monsieur, sans compter la fatigue, car elle me donnait ses commissions, et que de fois j'ai couru la nuit au milieu de la neige et des loups! — Tu l'aimes donc bien? — Ah! si je l'aime!.... Et puis, croyez-vous que ce soit agréable de n'avoir personne pour raccommoder mon linge et mes habits, me blanchir, me soigner un peu? D'ailleurs, mes frères ont femme et me traitent comme un valet de charrue : morbleu! je veux avoir femme aussi moi, et être père de famille! — Le pauvre diable, n'ayant au monde que ses deux bras, en est encore à chercher femme; personne ne veut de lui, quoiqu'il soit fort bel homme et, pour un montagnard, très aimable.

Le jour du mariage arrivé, le futur, accompagné de ses amis parés le mieux qu'ils peuvent, se rend à la paroisse de sa future : là on reçoit la bénédiction nuptiale, et la nouvelle épouse fait ses adieux à son curé en le régalant d'un mouchoir neuf. On déjeûne; les parens de la femme sont invités par couples.

---

(1) Environ sept francs et demi de notre monnaie.

La table est chargée de viandes, de pâtes, de fruits ; on mange, et ce qu'on ne peut achever se met dans des serviettes dont chacun s'est muni, et s'emporte avec soi. Ce serait une honte pour la famille s'il restait quelque chose sur la table. Le déjeûner fait, on part pour la maison de l'époux, et les amies de la jeune femme l'accompagnent. Quand ce sont des gens riches, ils vont à cheval, et il est fort joli de voir la ligne de toutes ces bêtes à la file ondoyer sur le flanc des mamelons bien boisés. On les découvre de fort loin, car les montagnardes, comme toutes les Italiennes, combinent dans leurs élégans costumes les couleurs les plus voyantes. Suit un dîner somptueux, et chacun se retire de bonne heure ; les routes sont trop difficiles pour qu'on aime à marcher de nuit sans bonnes raisons.

Des idées riantes du mariage le passage est bien brusque au deuil de la mort. Cependant l'ordre du voyage nous oblige à cette transition bizarre, et la scène est trop curieuse pour l'omettre. A peu de distance du sentier pierreux que nous suivions, était une chaumière d'où nous entendions sortir des cris pitoyables. Nous y courûmes, et sur la porte nous trouvâmes un enfant de quatorze ans, qui, sans verser une larme, criait comme un désespéré babbo! babbuccio mio! (papa, mon petit papa). Nous entrons et nous voyons quatre grands garçons qui plus, qui moins affligés, s'accordaient à hurler de toutes leurs forces. Deux femmes dans un coin criaient en se cachant la tête dans leur tablier. Plusieurs personnes au coin du feu ne disaient mot et restaient fort tranquilles; elles n'étaient pas de la famille. Émile s'approcha d'une de ces bonnes âmes et lui demanda la cause d'un si grand deuil.

— Eh! ils ont perdu leur père · brave homme! (et ici une oraison funèbre du défunt) pauvres enfans! Du moins ils se comportent bien... Entendez-les depuis qu'ils ont aperçu sur cette pointe là-bas notre curé, pauvre serviteur de Dieu, qui vient enlever le corps : ils ne font que se désoler. Pauvre Nicolo! s'il les entendait, comme il serait content! Ce que c'est que de bien élever la jeunesse.

Émile voulut dire quelques mots de consolation; mais bah! à peine on aurait entendu le canon. Une explosion plus vive, plus unanime nous apprit que le curé était à la porte. Il était suivi de quatre hommes qui portaient la civière, et de bon nombre de paroissiens qui, rassemblés au son de la cloche funèbre, se font un devoir d'accompagner à sa dernière demeure celui qui pendant sa vie a partagé leurs travaux, leurs joies et leurs peines. Le prêtre était un homme encore jeune, grand et robuste. En entrant, il dit quelques mots qui ne furent pas entendus, et passa dans la salle voisine, où il fit sur le corps les prières d'usage. Nous admirâmes la douceur, la gravité, l'onction avec laquelle il accomplit son ministère au milieu de tout ce tapage. Quand il eut fini, il fallut emporter le corps, et voilà que les cinq fils et les deux femmes se jettent sur ceux qui s'apprêtaient à remplir ce pieux et triste devoir.

— Mais, mes amis, que faites-vous? holà! un peu de résignation...

Voyant que sa voix tonnante n'était pas entendue dans ce tumulte, le curé empoigne à la gorge l'aîné des frères et le colle contre le mur, en lui criant sous le nez « Toujours bénie et adorée soit la volonté du Seigneur! » Emile, à son exemple, prend à bras-le-corps deux des jeunes gens. Félix, d'un coup de poing, en jette un autre sur une table, en lui disant: « Patience! » tandis qu'Armand s'en tire comme il peut avec les femmes. A la fa-

veur de cette division, un des porteurs se met le mort sous le bras et s'enfuit avec sa proie qu'il dépose sur la civière. Le curé suivit, nous remercia d'un sourire, et nous dit en français. « Ne vous scandalisez pas, Messieurs:
« ce sont des sauvages, il faut les traiter en
« sauvages ; notre conduite les a fort édifiés;
« je les connais! et je suis sûr qu'on parlera
« de vous avec éloge dans ma paroisse. Adieu,
« bon voyage! »

— Est-ce que vous êtes Français?

Il ne répondit point. A nos questions, les paysans ne purent satisfaire. Leur curé est *un étranger*, c'est tout ce qu'ils en savent.

Le convoi parti, les cris durèrent tant qu'on put, à travers les rochers et les arbres, suivre les détours qu'il faisait pour gagner l'église. Quand le tintement de la cloche annonça les dernières prières, on cria encore, puis on ne cria plus du tout. On nous offrit un verre de vin par reconnaissance, et nous partîmes en disant, comme les autres, aux jeunes gens :

« Vous vous êtes fait honneur! »

Un voyage à pied dans les montagnes est fort agréable pour ceux qui le font, parce que chaque détour leur offre un spectacle nouveau; pour ceux qui le lisent, il serait fort ennuyeux de compter tous les pas des voyageurs et d'essuyer des descriptions sans fin. Ce sont, après tout, toujours des arbres et des rochers, des rochers et des arbres, et de quelque manière que la plume les varie et les combine sur le papier, elle ne peut qu'offrir des tableaux très monotones. Nous arriverons donc de suite à Spolette, une des plus laides petites villes que l'on puisse voir. *Pons, Mons, Fons*: trois mots latins qui font connaître toutes les curiosités de Spolette. *Fons* (fontaine), parce que l'eau y vient par un aqueduc de construction romaine, et de quatre milles et plus de longueur. *Pons* (pont), parce que la ville étant située sur une pointe médiocrement élevée et tout-à-fait séparée de la chaîne, on a dû pour y amener l'eau, l'unir à la montagne la plus voisine, au moyen d'un pont de deux cents pieds de hauteur à son milieu, et d'une longueur à peu près égale. Les piliers des deux extrémités posent sur la roche vive; à mesure qu'on approche du fond du ravin, le terrain devient sablonneux, et l'on a été obligé d'établir de solides fondemens. Ces bases sont évidemment l'ouvrage des Romains, ainsi qu'un morceau de voûte à demi enterré dans le sable : le pont actuel ne remonte guère qu'au neuvième ou dixième siècle. Nous n'avons pu recueillir de notions certaines ; il est probable que, renversé par quelque tremblement de terre, il aura été rétabli par les ducs de Spolette, sous les empereurs de la race de Charlemagne. Il y a peu d'années encore que le pont n'avait point de parapet ; on le passait sur un chemin large de huit à neuf pieds. *Mons* (montagne) est la troisième merveille de la ville. Cette montagne est le Monte-Luco, dont la hauteur est fort ordinaire. Les yeuses qui le couvrent et lui conservent une verdure perpétuelle, ne suffiraient pas à le rendre remarquable, puisque tous les monts environnans jouissent du même avantage. Ce qui l'a rendu precieux aux habitans de Spolette, c'est que, dès les premiers siècles du christianisme, il a été peuplé de solitaires sous la direction de Saint-Isaac, moine venu de l'Orient. Les cavernes creusées dans la roche et dont on voit encore les restes, servaient de cellules aux religieux, qui, à des heures fixées, se réunissaient autour de leur abbé. La pénitence de ces austères anachorètes leur attira l'estime du peuple : on leur bâtit d'abord une chapelle, puis des ermitages ; la congrégation se régularisa, obtint de Rome des priviléges, et sous la direction d'un prieur subsista jusque vers la révolution. Le prieur habitait un fort bel ermitage vers le milieu du mont; l'église extrêmement élégante et dévote tient à cette habitation, dont la grâce et la commodité ont souvent invité des étrangers à s'y fixer des années entières. Les autres maisonnettes jetées çà et là à travers les yeuses, n'ont pas l'apparence seigneuriale du prieuré, mais présentent toutes quelque attrait, soit par une position pittoresque, soit par une distribution commode, soit par le nombre des pièces: chacune a son petit oratoire et sa clochette. Elles sont au nombre d'une quinzaine encore, en assez bon état, entretenues par des personnes de la ville qui en ont obtenu de l'archevêque la libre jouissance. La porte du prieuré nous fut ouverte par un ermite. Capuchon, scapulaire, barbe, air sévère, rien n'y manquait. Frà Winceslao, c'est le nom du personnage, nous reçut fort bien et très poliment, nous conduisit dans toute la maison, sur les promenades qui en dépendent et d'où nous vîmes la plaine de l'Ombrie sous un autre aspect. La plupart de nos lecteurs s'étonnent de nous voir causer avec un ermite;

pour eux, c'est un être fabuleux, ou du moins dont la race est perdue : ils ne le connaissent que par des contes, des tableaux ou des romances, et cependant il existe encore sous le soleil un assez bon nombre d'ermites en chair et en os. Beaucoup de familles ont en Italie leur *ermitage*, bâti sur quelque coin de leurs terres, par suite de quelque vœu, ou par dévotion à quelque saint, ou par esprit de charité. Là elles admettent le premier venu, pourvu qu'il soit ou paraisse honnête homme, et qu'il porte le costume de rigueur. Quelquefois elles lui assurent tant de pain par an ; le plus souvent elles l'abandonnent à la grâce de Dieu. Le solitaire va quêtant, et s'il se comporte bien, en *bon ermite*, il ne manque jamais du nécessaire : le superflu il le connaît peu. Cependant, continua Emile, s'ils sont *très saints ou très coquins*, ils vivent fort bien. Dans le premier cas, tout le monde leur donne ; dans le second cas, ils abusent de leur position, et font tout bonnement des escrocs.

En somme, c'est devenu une assez mauvaise institution : pour un brave homme qui, vraiment pieux et dégoûté du monde, embrasse cet état, afin de s'unir à Dieu sans entraves.

sans distractions, vous en trouverez une foule
qui se font ermites par fainéantise ou par esprit de vagabondage.

ARMAND.

Ah, ah! je vous ai converti, Sire Emile! Tout
ce que vous dites là ne le disais-je pas des
ordres mendians?

ÉMILE.

Sans doute vous le disiez, et vous aviez tort :
je le dis à mon tour, et j'ai raison. Quelle
comparaison pouvez-vous établir entre des
corps voués au service du prochain, où l'on
étudie, où chaque individu, lié par une règle
sévère, ne peut faire un pas sans avoir un censeur, et doit cesser d'être soi-même pour n'être
plus que l'homme de son ordre, et des êtres
isolés, ignorans, sans nulle éducation, car tels
sont pour la plupart les ermites : abandonnés
à eux-mêmes, ces têtes-là se remplissent de
préjugés, ils deviennent obstinés comme des
mulets, n'obéissent à personne, et le résultat
de tout cela est qu'ils deviennent ou des fous,
ou des drôles. Je ne parle ici qu'en thèse gé-

nérale : comme je vous ai accordé qu'il y a de mauvais religieux, je reconnais qu'il existe de bons ermites ; mais je le répète, l'institution telle qu'elle est à présent, est mauvaise ; et si j'avais à conseiller quelqu'un, je l'éloignerais toujours d'un état de vie qui soustrait à l'obéissance.

FÉLIX.

Est-ce qu'il y a beaucoup de ces êtres-là ?

ÉMILE.

Beaucoup ? non ; mais trop encore. La Sabine, que j'ai intention de vous faire traverser pour vous conduire à Rome, est la partie de l'Italie la mieux fournie de ces messieurs-là. J'en connais plus d'un ; les meilleurs sont des Allemands, gens au penser grave, au parler rare, à la vie retirée. A la prononciation de Frà Winceslao, je parierais qu'il est d'outre Rhin.

ARMAND.

Et des Français, y en a-t-il ?

ÉMILE.

Aucun. Les hommes pieux chez nous trouvent assez de moyens de nourrir leur dévotion, sans venir se séquestrer ici : les indifférens sont habitués au travail ; et pour les mauvais drôles, les dupes ne manquent pas : ils n'ont pas besoin de faire un métier qui après tout a ses peines et ses déboires.

Tandis que nous causions ainsi, appuyés sur le parapet d'une belle terrasse qui soutient le jardin, Frà Winceslao était allé, sans qu'on le lui demandât, préparer une collation : du pain raisonnablement dur, des pommes de terre cuites dans la poêle avec du lard, de l'eau tirée fraîchement de la citerne.

ÉMILE.

Il paraît, brave homme, que la ville ne vous traite pas trop bien !

FRA WINCESLAO.

Au contraire, monsieur, on me donne plus qu'il ne faut. Vingt livres de pain par semaine me suffisent, et chaque samedi, j'en rapporte jusqu'à trente, quoique j'en refuse; de plus pauvres que moi en profitent. Sel, poivre, vinaigre, on me donne tout en abondance. A la récolte des olives, je fais la quête : on sait que j'entretiens une lampe devant la Madone de la chapelle, et on me fait tant de charités. que j'en ai largement pour toute mon année.

FÉLIX.

Mais on ne vous donne pas de viande, de poisson. que sais-je ?

FRA WINCESLAO.

Je n'en veux pas, moi! Je le sais bien qu'on m'en donnerait : mais il faudrait causer avec celui-ci, bavarder avec celle-là, j'y perdrais ma paix : on me demanderait des fleurs de mon jardin; et mes fleurs je les cultive pour la Madone! Aussi elle bénit mon travail; j'ai toute sorte de légumes, que faut-il de plus?

FÉLIX:

Eh! une petite goutte de vin ne fait pas de mal.

L'ermite secoua les oreilles sans répondre.
— C'est un Allemand; j'ai touché le point délicat! S'il s'en prive par pénitence, il a double mérite.

Un coup de sonnette appela Frà Winceslao à la porte : par un petit trou (car l'ermite est prudent) il observa le sonneur....... c'était un autre ermite. La face rouge, la besace sur l'épaule, un long bâton d'épine à la main, il entra dans la salle à manger, fit un grand signe de croix sur nous, puis une révérence profonde, se redressa et nous regarda fixement sans bouger.

Qu'est-ce que c'est que cet animal-là ? s'écria Armand.

FRA GIOVANNI.

Moi, pas animal appeler, moi appeler Frà Giovanni, moi....... (et là un geste qui signifiait, je ne dis pas tout).

ÉMILE.

Vous parlez français?

FRA GIOVANNI.

Moi être Français, de l'Alsace.

Comme cet original parla beaucoup, nous ferons désormais grâce à nos lecteurs de son patois barbare.

Fra Winceslao nous demanda la permission de faire mettre à table le nouveau venu, qui indigné s'écria : les mets de Babylone ! je ne les mange pas ! donnez-moi des herbes !

— Va en cueillir, lui dit Winceslao, et levant les épaules : voyez cet original, nous dit-il. Il ne me reconnaît pas, mais je le connais bien, moi.

— Et qui est-il ?

— Eh ! c'est un fou ! Il veut réformer le monde, et s'en va cherchant des disciples ; il change de nom tous les ans on l'a déjà mis en prison plus d'une fois : on devrait le fourrer à l'hôpital !

ARMAND.

Oh, mon cher ermite, rendez-nous un service !

FRA WINCESLAO.

Qu'est-ce que c'est ?

ARMAND.

Dites à cet original, que nous sommes partis de la France pour concerter la réforme du siècle actuel : cela suffira.

FRA WINCESLAO.

Qu'à cela ne tienne, je vous sers de suite.

Frà Giovanni rentra bientôt, un gros paquet de verdure entre les bras; c'étaient des pissenlits, des bouillons blancs, des mauves, toutes les mauvaises herbes qu'il avait pu trouver. Il hacha le tout bien menu, le mit dans un chaudron, et, pendant que sa cuisine se faisait, il vint nous retrouver. Deux mots de Frà Winceslao lui avaient mis la joie dans le cœur; son regard était à la fois doux et majestueux. Sans dire mot, il nous fit signe de le suivre et nous conduisit dans un lieu écarté.

— Vous êtes donc, vous aussi, des fils de lumière !

ARMAND.

Nous n'y voyons pas encore très bien, mais une certaine lueur..... nous l'avons.

FRA GIOVANNI.

Jeûnez-vous beaucoup ?

ARMAND.

Comme des diables!

FRA GIOVANNI.

Écoutez! Vous êtes ceux que le Ciel a destinés pour le grand œuvre. Moi, moi, je puis l'accomplir seul! J'ai tout reçu d'en haut!..... Mais je lis assez mal, et je ne sais pas écrire, il me faut un secrétaire..... vous (parlant à Félix), vous avez la mine discrète, soyez mon secrétaire. Celui-là (à Armand), j'en ferai un héraut de la parole. Et vous (à Émile), à quoi êtes-vous bon?

ÉMILE.

J'ai étudié un peu de médecine, et peut-être pour guérir les fous.....

FRA GIOVANNI.

Eh! mon ami! toutes vos sciences humaines sont des folies! Laissez, laissez cela....... voyez ce petit livre, il contient tout : c'est la règle de saint Pacôme. Car, bien que je sois

Hérode, je me suis par humilité soumis à la règle de saint Pacôme. Ouvrons-la...... quelle est cette lettre-là?

TOUS TROIS ENSEMBLE.

A. . . . .

FRA GIOVANNI.

Eh bien, méditez là-dessus, je vais manger un peu et je reviendrai. Passez en oraison le temps de ma courte absence..... je vous voudrais à jeûn!

ARMAND.

Nous jeûnerons demain, cela en reviendra au même.

FRA GIOVANNI.

Bravo! Puis je vous révèle le grand mystère.

Jugez quelle oraison nous fîmes quand ce fou fut parti! Nous avions tellement ri, que quand il revint, nous l'accueillîmes par un éclat plus fort et plus long que les autres.

FRA GIOVANNI.

A genoux! et trois jours de jeûne pour

9*

expier votre légèreté. Ecoutez-moi tous.......

Et il commença une suite d'oraisons, d'invocations, d'imprécations, où parlant à la fois latin, français, italien et allemand, il estropiait et les mots et le bon sens, à tel point qu'Emile tomba par terre à force de rire. Le grand homme ne s'en aperçut point, et continua son improvisation, puis :

A présent je vous ai donné à tous l'esprit.

FÉLIX.

Grand merci ; mais pourquoi vous en priver ?

FRA GIOVANNI.

Je suis moi-même l'esprit.

FÉLIX.

C'est différent.

FRA GIOVANNI.

Nous allons aller en France ; car c'est moi qui suis choisi pour abattre le libéralisme.

Avant juillet, j'ai écrit une lettre à Charles X pour lui prédire ce qui est arrivé, il n'a pas voulu me croire, tant pis pour lui..... dis-je bien, mes amis?

TOUS.

Fort bien!

FRA GIOVANNI.

C'est donc moi qui vais rétablir l'ordre. d'un geste je chasse les libéraux.....

FÉLIX.

Mais, si à votre geste les libéraux répondaient par des coups de bâton! Prenez-y garde, il y en a qui sont brutaux!

FRA GIOVANNI (*souriant de pitié*).

Et ma sandale! et la lettre A de la règle de saint Pacôme! Voyez ma sandale (il l'ôte et s'escrime avec), avec ma sandale, je vais à Paris; ils ont des canons, ils ont des fusils.....

Armand se met à fredonner le refrain à la

mode : « En avant, marchons contre leurs canons, » et tous trois, bien que peu amis de la *Parisienne*, la chantent à tue-tête aux oreilles de l'ermite, qui électrisé s'écrie :

Oui! ils ont des canons, j'ai ma sandale! la lettre A! ma sandale! voyez les fuir.....

ÉMILE.

Où donc?

ARMAND.

Là-bas : je les ai vus, moi!

FRA GIOVANNI.

Ah! vous êtes de vrais fils de l'esprit! A Rome, à Rome j'ai fait des miracles; à Rome j'ai formé des disciples; à Rome j'ai pu avoir pour secrétaire l'abbé *** (1). Eh bien, à Rome on m'a méconnu. Le Pape.....

FÉLIX.

Chut! nous sommes de l'inquisition.....

(1) Par respect pour un illustre écrivain, nous ne mêlons pas son nom à cette scène ridicule.

FRA GIOVANNI.

Bravo! je ne savais comment m'emparer de l'inquisition.....

ÉMILE.

La sandale qui éteint le feu des canons français, ne peut rien sur trois pauvres moines que par habitude on appelle inquisiteurs.

FRA GIOVANNI.

Attendez que vous soyez mûr pour les mystères : vous me déplaisez ; vous !

En voilà assez. Nous nous amusâmes de ce fou pendant une heure ou deux, puis, avec une piastre d'aumône qu'il reçut avec beaucoup de fierté et pour nous prouver sa bienveillance, nous l'envoyâmes accomplir sa mission. L'esprit aura changé d'avis, car quelques mois après, nous le rencontrâmes dans le royaume de Naples sans qu'il nous reconnût.

— Eh bien, frà Winceslao ! voilà un ermite !

— Hum ! un vagabond !

— Il a fait des miracles.

— Des miracles!.... c'est vrai, c'est vrai. J'en ai vu un dans la cuisine, à présent même. Il a mangé un plein chaudron de mauvaises herbes à demi cuites, et il n'est pas crevé : un âne y passerait. Miracle! miracle!

Frà Winceslao nous remercia beaucoup de quelques pauls que nous lui laissâmes, et en nous disant adieu :

— Vous allez sans doute chez le solitaire?

— Que voulez-vous dire?

— Ah! vous ne savez pas que sur ce mont habite un saint homme qui vit en ermite : mais ce n'est pas un ermite comme nous autres! Il est prêtre, lui! Chaque matin je vais lui servir la messe, et après la messe, les belles choses qu'il me dit! On vient de la ville pour le consulter.

— Il se fait tard, il faut que nous retournions à l'hôtel.

— Allez chez le solitaire, il peut vous loger pour une nuit. Prenez ce petit sentier couvert, là, en face, il vous conduit à son ermitage sans que vous puissiez vous tromper.

Le sentier aboutit à une belle route dont la pente à peine sensible conduit à une porte cintrée assez élégante. A gauche, est une haute masse de rochers amoncelés sur lesquels quelques yeuses sont jetées de la manière la plus pittoresque ; à droite, la terre est soutenue par une belle terrasse en pierres sèches; le regard, s'enfonçant à travers les yeuses touffues, descend jusqu'aux dernières rampes de ce chemin, partout soutenu avec art et soigneusement entretenu.

Nous sonnâmes : un gros garçon d'une vingtaine d'années, un compas à la main, vint nous ouvrir, puis nous laissant dans un jardin fort joli, alla prévenir le solitaire. Celui-ci parut peu d'instans après et vint au-devant de nous avec politesse et prévenance, mais aussi avec mesure. C'est un homme de soixante à soixante-cinq ans : on lui en donnerait plus quand on le voit marcher avec peine appuyé sur son bâton, mais quand il parle et que sa physionomie mobile vient à s'animer, il paraît encore jeune ; son corps a vieilli accablé d'infirmités, son esprit a conservé toute sa fraîcheur, son cœur toute sa sensibilité. Son costume n'a rien de singulier; c'est celui de tous les prêtres ; il y avait à cause du froid ajouté un grand collet qui lui descendait aux hanches. En approchant, son œil pénétrant nous fixait et semblait interroger jusqu'à nos gestes.

— En quoi puis-je vous être utile, messieurs?

ÉMILE.

Pardonnez, monsieur, à la curiosité de trois voyageurs : nous avons entendu parler de votre jolie habitation, et visitant cette montagne nous avons pris la liberté.....

LE SOLITAIRE.

Et vous avez fort bien fait. A dire la vérité j'aime peu les visites, et ma porte reste impitoyablement fermée aux curieux des environs : quant aux curieux de delà les monts, le cas est différent..... Il serait par trop dur de ne point recevoir d'aimables gens qui ont fait quelques centaines de milles pour me venir voir. Entrez donc dans mon ermitage, mais ne vous attendez pas à y rien trouver de joli, c'est la demeure d'un pauvre!

Cette salle..... Levez-vous, Marcello, ces messieurs sont des étrangers à qui vous devez du respect.

FÉLIX.

Pourquoi déranger ce jeune homme? Il travaillait!

LE SOLITAIRE.

Je veux qu'il apprenne à tracer des plans, sans doute; mais avant tout j'exige qu'il ait les vertus de son âge : modestie, soumission, respect. Ce n'est pas pour te mortifier, mon enfant, tu le sais bien; désormais tu ne manqueras plus à ce devoir de politesse.

ÉMILE.

Que faisiez-vous, mon ami? voyons! Ah! ah! l'élévation d'un portique... eh! pas mal... prenez garde, ces voussures ne sont point normales à la courbe.....

LE SOLITAIRE.

Remercie monsieur de sa bonté.... Vous êtes du métier?

ÉMILE.

Oh! non, monsieur, il s'en faut de beaucoup; mais sans un peu de mathématiques, une éducation ne passe pas pour complète en France.

LE SOLITAIRE.

Je le sais, et quand j'étais plus jeune, j'ai regretté bien des fois de n'avoir point fait mes études dans votre patrie. Depuis que j'ai jugé les choses plus mûrement, j'ai remercié Dieu de ne m'avoir point mis à cette épreuve; car, monsieur, si vous cultivez avec soin les sciences, combien de choses plus importantes vous négligez! Un jeune homme sort de son cours d'études suffisamment instruit, il est vrai, mais qu'a t-on fait pour son cœur? A-t-on le plus souvent, seulement pensé à y déposer le germe de la vertu? Il saura combiner des formules d'algèbre, il possédera des notions d'économie politique, son talent cultivé revêtira de formes élégantes la discussion d'une affaire, et si on lui demandait l'histoire de sa propre existence, s'il lui fallait dire pourquoi il a reçu cette vie que si légèrement il dépense et dissipe, il resterait muet; peut-être même une telle question serait-elle pour lui vide de sens. C'est un monde où jamais il n'a été initié. Or, quel avenir se prépare une telle jeunesse?... Je ne connais point vos sentimens, messieurs, peut-être vous ai-je heurtés, mais le solitaire a le privilége de dire la vérité,

— Non, monsieur, vous n'avez rien dit qui nous ait pu blesser, nous admirons au contraire comment, séparé comme vous l'êtes du commerce des hommes, vous connaissez si bien les choses.

— Je me suis séparé de ce que le monde a de mauvais : j'ai fui ses petitesses, ses jalousies, ses préjugés, sa malice; mais je me suis bien gardé de renoncer à ma part de ce trésor de connaissances où chacun a droit de puiser; dans mes relations avec la ville, j'écoute, j'observe, je fais parler, je lis; rentré dans ma solitude, je pèse, je mûris tout ce que j'ai recueilli, j'en tire la substance et j'ai une règle infaillible pour juger.....

— C'est?.....

— C'est l'Evangile. Depuis quarante années qu'il fait mon étude et ma consolation, j'en ai tiré des vérités fondamentales qu'en vain j'avais demandées aux livres des savans.

FÉLIX.

Jusqu'à présent j'avais considéré l'Evangile comme un livre qui renferme le dogme et surtout la morale chrétienne ; je ne me serais jamais avisé d'y aller chercher les principes des sciences.

LE SOLITAIRE.

Si vous parlez des sciences exactes et naturelles, je suis de votre avis, quoique les méditations sur le Créateur ne nuisent en rien à l'étude de la création ; mais quant à toutes les sciences qui sortent du domaine du compas et des creusets, j'affirme que tous les principes en sont déposés dans ce livre de vérité. Vous l'avez jugé le livre du dogme, et vous avez eu raison. C'est parce qu'il est le livre du dogme, qu'il est si fécond en belles révélations.....

Puisque vous êtes mathématicien, vous prendrez plaisir à voir ces machines que dans mon loisir j'ai combinées de mon mieux : j'aimerais à en avoir votre avis.

Emile examina ces pièces et en admira l'ingénieuse simplicité. Quelques dessins d'architecture attachés à la muraille attirèrent notre attention.

LE SOLITAIRE.

Voyez : ce sont mes enfans qui ont orné

mon atelier. Il fut un temps où je n'avais que ces modèles en plâtre, maintenant je réunis la sculpture et la peinture. La musique est là dans un coin, cachée dans un petit jeu d'orgues dont je ne la fais jamais sortir ; mais j'en suis maître... Ainsi les beaux arts viennent faire leur cour au pauvre ermite.

ÉMILE.

Au pauvre ermite je ferai la question qu'il m'adressait tout-à-l'heure : vous êtes du métier ?

LE SOLITAIRE.

Et moi je répondrai en toute simplicité : oui, Monsieur. Dès mon enfance je fus entraîné par un ascendant irrésistible vers l'étude des beaux arts. La peinture surtout faisait mes délices, et j'en ai fait une étude longue et consciencieuse ; depuis, la délicatesse de mes nerfs m'a rendu insupportable l'odeur des couleurs, et je me suis appliqué à l'architecture, dont cependant je ne fais pas profession.

ARMAND.

Pourquoi, ayant reçu de la nature de si

beaux dons, êtes-vous venu vous enterrer ici? Vous vous seriez fait un nom dans le monde.

LE SOLITAIRE.

Et je serais bien avancé! Peut-être (je l'ignore) dirait-on : « Un tel est un assez bon peintre, un architecte passable. » Quel vrai bonheur m'en reviendrait-il? Cette petite satisfaction de l'amour-propre compenserait-elle toutes les peines, toutes les amertumes que j'aurais rencontrées? Et supposez encore que ma vie d'artiste ait été tissue d'or et de soie, que mes œuvres n'aient trouvé que des admirateurs et point d'envieux, que l'enthousiasme public ait amené la fortune à ma porte, qu'au Capitole enfin j'aie été couronné de lauriers et traîné sur un char triomphal; tout cela vaudrait-il une demi-heure des délices que je goûte dans ma solitude. Eh! Messieurs, je me fais vieux, et il me faudrait bientôt quitter et ma fortune et ma gloire; un coup-d'œil sur le passé remplirait mon cœur de regrets, et dans l'avenir mon triste regard ne verrait qu'un instant, celui où toutes ces chimères s'évanouissent. Direz-vous que cet état serait préférable à la paix dont mon âme est inondée?

La mort, je l'espère de la miséricorde du Seigneur, la mort ne me privera de rien, puisque je ne me suis attaché à rien de ce qui passe, tandis qu'elle me fera jouir de ce que j'ai toute ma vie aimé et désiré; elle me fera connaître cette éternelle beauté dont j'ai admiré quelques traits dans les créatures : et quelle joie de pénétrer cette vérité unique dont j'ai contemplé avec tant de consolations les éclairs fugitifs et les rayons obscurcis! Non, non, ne me parlez pas de ce que le monde aurait pu faire pour moi... Le monde est impuissant à rendre heureux un cœur d'homme.

FÉLIX.

D'ailleurs monsieur n'a pas abandonné les arts et par conséquent a pu goûter les jouissances qu'ils procurent à ceux qui les aiment. Croyez bien qu'un Raphaël, un Michel-Ange, un Poussin n'avaient pas besoin des applaudissemens pour être heureux. La conscience du beau leur suffisait.

LE SOLITAIRE.

C'est une règle de notre nature. Toutes les

fois que notre cœur *aime* véritablement, il lui suffit de posséder ce qu'il aime, et il fait peu de cas du reste. Dans les passions charnelles, la possession de l'objet ne pouvant jamais être parfaite, l'amour n'est jamais pleinement satisfait, et l'on sent un vide qui fatigue ; mais l'homme qui s'éprend pour les choses intellectuelles, pouvant s'identifier avec ce qu'il aime, n'a plus besoin de rien, il est heureux. Un seul acte de vertu, même commune, laisse dans le cœur comme une douce odeur qui la parfume, et plus on s'est fait une habitude du bien, plus la jouissance est intime et profonde. Oh ! si les hommes savaient combien ils perdent à être méchans !

Comme il achevait ces mots, l'Angelus sonna à l'église de Frà Winceslao ; le solitaire se recueillit, découvrit son front vénérable et nous invita à réciter avec lui cette aimable prière. Le son de la cloche argentine qui, renvoyée par les rochers, semblait se jouer sous le feuillage, le silence solennel de la nature, un ciel pur fortement coloré de rouge à l'occident où quelques nuages noirs et bordés de pourpre étendaient leurs lignes inégales sur les montagnes de la Toscane, tandis que le croissant de la lune s'élevait à l'orient et jetait sur les monts voisins des ombres fantastiques, ce calme, cette douceur, cette paix des belles soirées d'Italie, nous mirent un moment à l'unisson avec notre hôte respectable : nous nous sentîmes transportés hors des régions où s'agitent les passions humaines, et nous comprîmes le bonheur du solitaire. La prière achevée, nous fîmes quelques pas en silence. Il est des momens où les cœurs se comprennent, et les paroles gâteraient cet échange muet de sentimens intimes.

— Eh bien, messieurs, je vois qu'il vous faudra, cette nuit, faire pénitence sous mon humble toit.

— Nous sommes confus de notre indiscrétion.

— Quelle indiscrétion ? Je vous offre de bon cœur, parce que je le puis faire ; vous acceptez parce que cela vous convient, et voilà tout. Vous reprendrez les complimens à la ville : ici il faut penser, parler et agir avec simplicité de cœur. Veuillez me suivre.

Nous entrâmes avec lui dans la maison, qui est distribuée avec beaucoup d'entente.

— J'ai fait ce que j'ai pu : j'ai préparé une habitation commode ; elle deviendrait jolie à peu de frais ; mais je ne puis les faire. Pour meubler, pour peindre il faut de l'argent; pour faire des plans il suffit d'un peu de réflexion, et c'est un capital dont est fourni quiconque veut user de ses facultés.

ARMAND.

Pour faire les plans, soit; mais pour les exécuter?

LE SOLITAIRE.

Je dépense fort peu. J'ai obligé beaucoup de monde à la ville, et particulièrement des ouvriers que j'ai dû souvent employer et faire travailler, quand j'ai été chargé de quelque entreprise. Les maîtres-maçons ont été mes élèves et viennent me consulter quand les petites connaissances que je leur ai données ne leur suffisent pas. Comme je n'ai jamais fait payer mes services à personne, ils ont conservé pour moi de l'amitié, et quand j'ai besoin de quelques journées de travail, ils s'offrent tous, et avec quelque peu de légumes dont se compose leur dîner, je m'en tire.

Le salon est tapissé de gravures, de plans, d'ébauches à l'huile; sur les tables, des règles, des compas, des équerres, quelques in-folio parmi lesquels Vitruve tient la place d'honneur; une chambre obscure, un télescope, enfin l'attirail de la science. Un cabinet plus reculé renferme la bibliothèque pieuse. Là, tout rappelle une autre patrie; plus de dessins profanes; on n'y voit que des saints, notre Seigneur et sa sainte Mère ; un sablier avertit de la fragilité et de la brièveté de la vie; un crucifix apprend comment on la doit dépenser. Heureux qui sait comprendre ces leçons de la croix! Ses jours s'écoulent sans amertume, embellis par l'espérance la plus délicieuse. Nous serions volontiers restés dans ce petit sanctuaire de la piété, si le solitaire ne nous avait conduits dans la cuisine où sa présence était nécessaire. « Mes domestiques, nous dit-il, me sont très attachés; mais si je ne suis pas là, ils ne font rien. » Emile s'offrit à l'aider dans son petit ménage. « Non, non, j'ai mes petites méthodes dont je ne me dépars jamais. Vous autres Français, vous êtes fort aimables, mais vous voulez que tout marche à votre guise : à force de complimens, de gentillesses, vous embrouillez si bien un pauvre homme, qu'il est tout étonné de s'apercevoir qu'il n'est plus maître chez soi. Laissez-moi faire, et mettez-vous là auprès du feu.

Nous obéîmes, et ce fut plaisir de voir la légèreté, la grâce, l'enjouement avec lesquels le solitaire manipula les alimens disposés par Marcello. Les casseroles une fois sur le feu, notre patriarche vint prendre la place que chaque soir il occupe depuis plus de vingt ans en face de sa cheminée. A droite et à gauche nous étions rangés sur des escabeaux, et la conversation la plus variée nous rendit cette soirée plus aimable mille fois que les brillantes réunions de Paris.

Le lendemain, notre hôte nous accompagna jusqu'au bas des belles routes qui sont son ouvrage, et qu'il entretient comme par miracle, n'ayant d'autre ressource que la charité des fidèles, qu'il ne sollicite jamais : il fait tout le bien qu'il peut, et attend avec confiance que la Providence pourvoie à ses besoins, et certes, en lui se réalise bien la parole du Sauveur : « Cherchez d'abord la justice de Dieu et le reste ne vous manquera point » (1).

Au milieu des montagnes qui séparent Spo-

---

(1) S. Math., VI, 33.

lette de Terni, nous rencontrâmes un petit couvent de capucins abandonné. Il faut l'avoir visité pour connaître ce que c'est que la pauvreté religieuse! Un petit berger nous fit l'histoire de cette retraite, comme il l'avait entendu raconter à son père: nous la donnerons à nos lecteurs telle que nous l'avons reçue.

Les capucins établis dans le couvent de S.-Anna, l'un des plus anciens de leur ordre, furent obligés de le quitter à cause de sa position trop sauvage, qui en rendait l'abord très-pénible aux étrangers, et qui les exposait eux-mêmes aux invasions des loups. Le bruit de leur départ se répandit parmi les pauvres gens du pays, et fit le sujet des conversations et des regrets universels, quand des chévriers assurèrent avoir entendu la psalmodie nocturne des frères : donc ils n'étaient pas encore partis! Grande joie dans la montagne : chacun va dès le matin chercher au couvent et l'aumône accoutumée, et le conseil qu'il aimait à trouver auprès de tel vieux capucin qui l'avait vu naître. Tout est fermé, et les coups redoublés n'ont d'autre réponse que le faible retentissement du cloître solitaire. Quelle surprise! On raisonne, on dispute, on se perd en conjectures. Les chevriers auront trompé, ou se seront trompés eux-mêmes : il faut éclaircir la chose. Les plus braves resteront près de S.-Anna et y passeront la nuit.

A l'heure de matines, les cloches s'ébranlent et bientôt la psalmodie commence avec une douceur et une mélodie peu communes au récitatif monotone des capucins. Deux, trois nuits de suite on recommence l'épreuve, et chaque fois les curieux, après s'être bien assurés que tout était désert pendant le jour, entendent les chantres mystérieux réciter avec une exactitude parfaite les psaumes et les leçons de l'office. Personne cependant n'osa pénétrer dans l'église; on jugea plus sage de prévenir l'évêque. Celui-ci, après des informations plus en règle, se décida à se porter lui-même sur les lieux. Arrivé avec une partie de son clergé près de l'église, si étonnamment desservie, il entendit commencer et poursuivre les psaumes dans l'ordre accoutumé : la porte céda au premier effort qu'il fit pour l'ouvrir, mais à peine eut-il franchi le seuil qu'une lumière subite lui vint éblouir la vue, le chant cessa, et tous se trouvèrent dans une obscurité profonde. Une odeur suave répandue dans l'air embaumait la pauvre chapelle. L'évêque alors continua avec son cortége l'office qu'il avait interrompu. Depuis, il fut ordonné d'aller de temps à autre officier à S.-Anna, et les musiciens célestes ne s'y firent plus entendre.

Telle est la tradition de la montagne, racontée par le petit chevrier.

Nous suivîmes la *Val di Narca,* le long de la Néra, jusqu'au point où cette rivière reçoit les eaux du Turano, qui s'y précipitent d'une hauteur considérable. Cette chute d'eau, l'une des plus belles qui existent, attire tous les peintres. A Papigno, village très voisin de la *Caduta della Marmore,* ces derniers s'y établissent pendant la belle saison : « Et il faut voir comme on s'amuse alors ! disait notre guide, les Français, surtout, mettent tout en train ! »

En faisant un bon souper à Terni, Emile annonça que là on entrait dans la Sabine, où il voulait visiter la fameuse abbaye de Farfa, si célèbre dans l'histoire du moyen-âge : ses deux compagnons opinèrent du bonnet, comme on dit; ils savaient par expérience qu'ils pouvaient sans inquiétude se livrer à sa conduite.

FIN DU TOME PREMIER.

EXTRAIT

DES

Statuts de la Société des Bons Livres.

L'objet de la Société est de faire imprimer et réimprimer des bons livres, d'en opérer la distribution à bas prix.

Le fonds capital de la Société est formé au moyen de Souscriptions ouvertes dans les divers départemens du Royaume.

Le prix de chaque Souscription est de 20 francs par an.

Chaque Souscripteur recevra, dans le cours de l'année, 10 ouvrages *en triple exemplaire* : ces ouvrages donneront au moins 300 feuilles, 7200 pages, format in-12, ou 340 feuilles, 8660 pages, format in-18.

On souscrit à Paris, rue des Saints-Pères, n° 69.

On s'abonne aussi chez les principaux libraires des départemens, et chez tous les directeurs de poste.

Les Souscriptions, pour la dixième année, datent du premier septembre 1833. Les personnes qui désireraient les collections des années précédentes, ou de l'une d'elles seulement, les recevront sur leurs demandes, et à raison de 20 fr. par collection.

On peut aussi demander des volumes séparés.

On doit envoyer les lettres et les paquets *francs de port* à l'administrateur, rue des Saints-Pères, n° 69, à Paris.

IMPRIMERIE DE V° THUAU, PLACE SORBONNE, 2.

www.ingramcontent.com/pod-product-compliance
Lightning Source LLC
Chambersburg PA
CBHW051909160426
43198CB00012B/1818